좌충우돌 꿀맛 인생

최명선 벌 이야기

친환경 벌 이야기를 쓰기까지

은퇴 후의 삶은 어떻게 살 것인가!

탁구, 골프, 자전거, 등산, 하루가 무료할 시간이 없을 것이다, 당당하게 큰소리치던 남편입니다. 막상 퇴직하고 나니 밖으로 나가는 시간보다 집에서 쇼파와 한 몸이 되어 뒹굽니다. 손에는 TV 리모컨을 움켜쥐고 놓지 못합니다.

백화점 문화센터라도 다녀 보라는 내 성화에 몇 군데 프로그램에 접수하고 다녔습니다. 어느 날, 남편은 문화센터를 더 이상 안가겠다 고집을 부렸습니다. 모두가 여성회원뿐이고, 또래 남성을 찾아 볼 수가 없다는게 그 이유였습니다.

　다시 지역에서 운영하는 인생학교에 등록을 했습니다. 요리, 영어회화, 드럼, 마술, 주례, 유아 숲 지도사, 용접, 제과제빵을 모두 거쳤습니다. 공직에서 30년 넘게 일한 그가 새로운 일을 찾는다는 것은 만만한 일이 아니었습니다. 실생활에서 활용할 일을 마지막으로 찾아낸 것이 농촌지도소에서 실시한 양봉 교육이었습니다.

　양봉을 시작하고 남편은 청춘이 되살아 난 듯 활기가 넘쳤습니다. 아침 아홉 시면 등에 가방을 둘러메고 전철을 타고, 저녁 여섯 시면 정확히 퇴근하여 집에 옵니다. 갑자기 양봉인과 한 집에 살게 된 나는 사실 벌이라면 질색하던 사람이었습니다. 남편을 따라 봉장이 있는 강원도 춘천시 백양리 굴봉산역을 드나들면서 벌에 관심을 가지게 되었습니다. 몸담고 있던 문학지 리더스 에세이에서 벌 관련 이야기를 써보지 않겠느냐는 제의를 받고, 친환경 벌 이야기를 연재했습니다. 초보 양봉인이 벌을 키우면서 일어났던 좌충우돌, 에피소드와 계절에 따라 변하는 벌 이야기를 주로 모아보았습니다.

　처음에는 벌이라는 한 가지 주제로만 글을 엮으려니 과연 몇 회까지 이어질 수 있을까 저 자신도 장담할 수 없었습니다. 우선 벌에 관련된 책자부터 사들였습니다.

자세히 알고 써야 했기에 이론부터 독파했습니다. 물리학자 알버트 아인슈타인도 꿀벌이 사라지면 인간도 멸종할 것이라 일찍이 경고했습니다. 글을 엮으면서 자연적으로 벌과 환경에 관심과 흥미도 생겼습니다. 매주 한 번 봉장을 들락이며 이론과 현장에서 일어나는 실전을 합치시켜 글 속에 풀어놓았습니다.

벌에 관해서만은 남들보다 뒤쳐지지 않을 정도 상식을 익혔노라 자부심도 생겼습니다. 하지만, 곧 자연 앞에서는 겸손만이 최고의 미덕임을 깨닫게 되었습니다.

사실, 아직도 모르는 부분이 있긴 합니다. 양봉은 하늘의 뜻이었습니다. 사람이 아무리 노력을 해도 하늘이 도와주지 않으면 안 되는 일이 양봉업이었습니다. 동화 우산 장사와, 짚신 장사 아들을 둔 어머니 이야기처럼 나도 모르게 꽃피는 시기와 날씨를 살피며 걱정과 기대를 하게 되었습니다. 언제 어디서고 꽃이 피면 달려가 향기를 킁킁 코로 맡으며 자세히 들여다봅니다. 아카시 잎이 아홉장부터 열아홉장까지 모두 홀수인 것도, 밤꽃이 암, 수가 있다는 것도, 흐리고 습해 날씨가 끈적끈적해야 꿀이 듬뿍 난다는 것도, 벌 이야기를 쓰면서 알게 된 사실입니다. 한 가지 주제를 연속으로 쓰면서 고민이 되었던 것은 매년 계절이 반복되는 것이었습니다. 같은 소재로 글감이 겹치지 않을까 마음을 졸이기도 했습니다.

  그래도 매일 양봉 일기를 깨알같이 적어놓는 남편 덕분에, 글 소재가 겹치지 않게 쓸 수 있었습니다. 양봉을 시작한 지 8년이 넘었습니다. 사실, 들인 정성에 비해 수익은 그리 많지 않지 않습니다. 다만 달콤한 꿀이 집 안에 있어 부부 대화가 끈끈해졌습니다. 나이 칠십이 넘어 일할 수 있는 곳이 있고, 전철을 타고 오가며 건강을 지킬 수 있으니 그 또한 감사한 일입니다.

  아주 특별한, 친환경 벌 이야기를 책으로 엮을 수 있게 원고 감수도 해 준 남편 그리고 리더스에세이 여러분께

    이 책을 바칩니다.

        2025. 8. 최명선 올림

contents

작가의 말　　최명선
친환경 벌 이야기를 쓰기까지　　2
추천의 글　　권남희　　182

1- 은밀한 봄, 달콤한 여정

말벌을 쫓다	16
도시 남편 벌을 키우다	21
전략적 기술	26
결혼비행 인간의 일상	31
꿀벌 이사 느리지만 단단하게	37
은밀한 봄 달콤한 여정	42
꿀도 때론 쓰다	47

2- 여왕만들기

왕이 사라지다	55
날개를 접고 날개를 펴고	60
생존이냐 공생이냐	65
달콤 씁쌀 이야기	71
인류도 멸망하는가	76
벌의 제왕 여왕만들기	79
분양	84

3장   자극사양

자극사양	94
사라진 벌을 찾아라	99
이충	105
봉구가 풀리다	110
탈출소동	116
분, 분, 분, 분	121

4장 여왕 쫓겨나다

허니 문	129
육각형 건축가, 벌	134
함께 사는 세상	139
명줄	144
속고 속이기	149
여왕 쫓겨나다	155

5장 경춘선

경춘선 그 길이 나를 부른다 이규선   165
최명선 연보   179

1- 은밀한 봄 달콤한 여정

-벌 농사, 할 일이 생긴 남편은 콧노래를 흥얼댄다. 그 모습을 바라보니 지나간 일들이 스친다. 결혼생활 중 위기는 남편 퇴직 후 3년이었다. -

말벌을 쫓다

말벌 출몰을 조심하라는
경고 방송이 아침저녁으로
들려온다.

 고향 춘천을 다녀오던 남편이 말벌에 쏘였다. 벌에 쏘인 남편은 느긋한데 동행한 아들이 안절부절 어찌할 바를 모른다. 병원에 빨리 가보자는 아들 성화에 남편은 마지못해 병원을 찾았고 혈액 반응검사를 했다. 다른 사람보다 벌에 대한 내성이 강하다는 의사 선생님 한마디가 선비 같던 사람을 완전 다른 사람으로 변하게 했다.
 말벌집이 있다는 시골 형님 전화를 받고 득달같이 달려간다. 도착해서는 준비해 둔 사다리에 거침없이 올라 벌집 제거에 나섰다. 휴지를 돌돌 말아 벌집 입구에 끼워넣고 준비해간 마대 자루에 재빨리 따서 넣었다. 처음 해보는 말벌집 채취라 겉으로는 용감한 척했으나 속으로는 은근 겁이 났던 모양이다. 말벌집을 따고 내려오니 온몸에 갑자기 힘이 빠지고 다리가 후들거렸다 했다. 집으로 돌아오는 길,

점심을 먹기 위해 해장국 집 앞에 차를 세우고 남편은 잠시 자리를 떴다. 갑자기 동행했던 아들이 황급히 식당 안으로 뛰어 들어왔다.

차 트렁크 안에 실었던 말벌집 자루가 원인이었다. 마대자루 속에 든 두꺼운 비닐 포장을 말벌이 자근자근 씹어 탈출했다. 말벌 출몰에 화들짝 놀란 음식점주인은 바로 식당 문을 닫고 안으로 들어오지 말라 손을 내 저었다. 이 상황을 알게 된 남편이 뛰어왔다. 일단 목에 둘렀던 수건으로 얼굴을 감싸고 옷매무새를 다시 갖추고 차 트렁크 문을 열었다. 말벌은 윙윙거리며 공격대상자를 찾았다. 음식점 안으로 급히 뛰어 들어가 식당주인이 건네준 해충 박멸 제를 사정없이 뿌렸다. 그래도 죽지 않고 살아 남은 말벌이 끝까지 따라온다. 수건을 휘두르며 간신히 그 자리를 피했다. 벌은 자기 아성을 무너뜨리는 상대방을 향해 끝까지 공격을 가한다. 살던 집도 허물고 그것도 모자라 새끼들이 든 벌집까지 떼어내 차로 싣고 가던 남편은 말벌에게 목, 머리, 등, 서너 군데나 쏘였다. 벌에 대한 내성이 있었기 망정이지 보통 사람이라면 생명까지 위험할 수 있다. 말벌에게 물린 목 부위는 벌겋게 부풀어 올랐다. 집에 온 남편은 전투에서 살아 돌아온 영웅이나 된 듯 그 일을 흥분하며 상세히 설명해 주었다.

공무원 퇴직 후 남편은 말벌 채취사업을 구상했다. 말벌주는 예전부터 노봉방주로 불리며 산삼보다 귀하게 여기던 민간 약술이다. 그것을 담가 팔면 짭짤하게 수익도 생길 것이라 했다. 생명을 위협하는 말벌을 어찌 잡으려 하는가 곁에서 말렸지만 일단 한번 해보겠다며 나선다. 소방관들이 입는 옷들부터 사들였다. 영락없는 우주인 복장이다. 얼굴 부위는 둥근 원통같이 생겼고, 눈 부위는 두텁고 투명한 비닐로 덮개를 올리고 내리게 되어있다. 사다리, 장화, 신발, 끈, 테이프, 장비만 보면 말벌이 멀리서 보고도 도망갈 것만 같다.

장비를 다 갖춰놓고 말벌이 출몰하기를 기다려도 감감무소식이다. 그해 말벌 채취 사업은 장비만 사들여 놓고 끝났다. 이듬해 말벌이 출몰하는 8월 중순, 고향 춘천에 미리 연락을 했다. 사촌 형수님들과 마을 이장님께 말벌이 나타나면 바로 신고 전화를 해 달라 부탁했다. 거기에 약간의 사례비도 주겠다 했다. 갑자기 말벌 신고가 줄을 이어 들려온다. 그때마다 부천에서 춘천까지 먼길 마다 않고 출동했다. 벌집 제거도 해주고 덤으로 수고비까지 건네니 동네 사람들은 '이런 걸 뭘 주냐'하면서도 얼굴에 웃음이 핀다. 사업은 커녕 술값, 자동차 왕복 기름값만 들었다. 채취해온 말벌집은 바로 냉동실에 얼린 다음 하루 날 잡아 남편이 애벌레와 벌을 분리했다. 일부 애벌레는 단백질 보고라며 볶아서 먹었다. 그 나머지는 술을 담갔다. 본인은 술도 한 모금 못 마시는 사람이지만, 말벌 술병을 주르륵 늘어놓고는 바라보는 눈길이 흐뭇하다. 지인들에게 말벌 채취한 무용담을 으스대며 전하며 노봉 방주 효능도 알려준다. 술 좋아하는 지인들이 서로 달라며 아우성이었지만 돈 주고 사겠다는 사람은 없었다. 말벌 술병이 점점 더 늘어나니 사업은커녕 담그는 술값만 들어갔다.

공직생활을 했던 남편은 취미가 다양했다. 수석, 볼링, 낚시, 골프, 탁구 이젠 말벌 집 채취로 바뀌었다. 한번 새 취미에 꽂히면 몇 년을 그것에만 집착한다. 어릴 적 맘껏 놀아보지 못하고, 해보지 못한 취미의 결핍인가보다. 퇴직 무렵이 되자 그동안 못해 보았던 것을 한꺼번에 다 실행해 보고 싶은가 보다.

말벌 출몰을 조심하라는 경고 방송이 아침저녁으로 들려온다. 케이블티브이에서는 노봉 방주가 몸에 좋다며 계속 선전 문구가 뜬다. 올가을에도 남편은 말벌 술을 담근다. 나눠줄 수 있는 기쁨에 들떠 채취 장소, 날짜까지 꼼꼼히 적어놓고는 술 부어놓은 병뚜껑은 촛농으로 꽁꽁 봉해 놓았다. 독이 강한 말벌 술은 한 해가 지나야 약효가 있다고 누누이 설명해 주지만 성질 급한 술꾼들은 빨리 달라 재촉

한다. 처음에는 징그럽기만 보이던 말벌집이다. 이젠 집에 가져와 펼쳐놓아도 더 이상 호들갑을 떨지 않는다. 남들 시선이 민망하긴 하지만 내 남편이 할 수 있는 일이 있어 즐거워하니 딱히 말리고 싶지도 않다. 채취해온 벌집을 정성스레 빻아 팬에 볶아 꿀과 섞어 두었다.

목 디스크 파열로 수술을 했다. 남편은 내게 병 회복에 도움이 된다며 말벌집 볶은 것과 꿀 섞은 것을 내민다. 계속 거부하다 그의 정성이 담긴 약이라 생각하고 한 수저씩 떠먹었다.

동물의 세계에는 천적은 있게 마련이다. 남편은 점점 나이 들어가며 여성스러워진다. 체구가 작은 남편은 벌 중에서도 제일 맹독성이 있는 말벌집만 찾는다. 젊은 날, 화려하던 힘과 강인한 정신이 아쉬워 애벌레를 채취해서 보충하고 싶나 보다. 남편의 의지가 강해서일까. 환절기에 감기를 달고 살던 남편이 계절이 바뀌어도 감기 한번 앓지 않고 지나갔다. 점점 민간요법에 심취해 상남자를 꿈꾸고 있는 남편은 벌과 더 친해지려 벼른다.

도시 남편 벌을 키우다

 남편이 일을 벌였다. 어느 날, 갑자기 벌 다섯 통을 사 들고, 김포농장 한 귀퉁이에 가져다 놓았다. 그곳은 농지라 근처 농사짓는 분들이 많다. 그분들이 벌에 쏘이면 어쩌나 걱정이 앞섰다. 매실나무와 자두나무 몇 대를 잘라내고 고랑을 메꾸어 땅부터 다졌다. 바닥도 천막으로 전부 깔고 창고로 쓸 컨테이너도 주문해 밭에 미리 가져다 놓았다. 컨테이너를 밭에 놓고 사용하려면 허가를 받아야 한다는 것을 몰랐다. 인부를 사고 트럭도 빌려와 컨테이너를 끌어내고 벌금을 물고 절차를 밟았다. 처음부터 허둥지둥이다.
 꿀에 대한 인식은 아직도 확신이 없다. 한동안 방송에서 가짜 꿀 소동이 있었을 때다. 시골이 고향인 이웃들이 꿀을 팔아달라는 부탁을 종종 했었다. 중간에서 소개를 해 주나 보니 제법 많은 꿀을 팔게 되었다. 한 박스에 여섯 병 씩 두 박스를 팔면 내 몫은 저절로 따라왔다. 꿀을 팔면서 가장 난감했던 것은 내 눈으로 직접 보지 않았으니 품질에 대한 보장이 없다. 100% 진짜 꿀이라 소개 해도 양심상 떨떠름했던 게 사실이다. 남편이 벌을 키워 진짜 꿀을 만들겠다 하니 이참에 진짜 꿀맛이 어떤 것일까 나도 궁금하다. 꿀 판매는 걱정하지 말고 많이만 가져와라 큰소리부터 쳤다.

벌이라면 질색하던 나는 남편이 매일 조금씩 걷어오는 화분이 마냥 신기하다. 민들레의 노란색, 냉이의 하얀색, 색색 고운 화분을 혀끝으로 맛본다. 알싸함과 달짝지근함이 어우러진 맛이다. 화분채취 방법이 궁금해 밭으로 따라 나섰다. 벌통 입구에 화분 틀을 걸어 놓으니 벌들은 양다리 옆에 알록달록한 화분을 달고 집으로 들어가다 화분 틀에 걸려 화분을 그곳에 떨어트렸다. 새끼들에게 줄 화분을 떨군 줄도 모르는 벌은 연신 입구를 들락거린다. 그 작은 몸으로 모아온 화분을 뺏어오니 벌에게 미안하다.

벌 농사, 할 일이 생긴 남편은 콧노래를 흥얼댄다. 그 모습을 바라보니 지나간 일들이 스친다. 35년 결혼생활 중 위기는 남편 퇴직 후 3년이었다. 이래도 밉고 저래도 미워 하루가 멀다고 싸웠다. 한동안 바라보기도 싫었다. 내뱉는 말투는 상대에게 어찌하면 상처를 더 입힐까 머리 속에 콕콕

박힐 낱말만 골랐다. 나도, 남편도 말로 데인 상처는 가슴으로 옮겨져 옹이가 생기기 시작했다. 서로를 인정하기까지 많은 시간이 흘렀다. 퇴직 후 거실 소파에 누워 나의 일거수일투족만 바라보며 시비를 걸던 남편이 갑자기 일벌이 된 듯 활기가 넘쳤다. 농장에서 화분(花粉)을 채취해오는 날은 그 기개가 개선장군 같다.

　모아온 화분에는 벌의 다리, 날개 등이 함께 들어있다. 선풍기로 이물질을 날리고 건조기로 다시 말렸다. 화분이 조금씩 쌓여 양이 늘어났다. 화분통 100개를 미리 주문했다. 이대로 가면 서민 갑부 탄생도 곧 이루어질 것 같다. 붕 뜨던 마음이 가라앉은 것은 화분 양이 갑자기 뚝 끊긴 후다. 예측할 수 없는 자연현상이다. 벌이 따올 꽃과 꿀이 없을 때는 떡밥같이 생긴 밥을 벌통 위에 얹어주고 설탕도 사서 먹인다. 설탕물을 먹은 벌이 다시 토해낸 것이 사양 꿀이다. 이 과정에서 밀원과 물의 양, 설탕의 농도에 따라 진짜 꿀이 결정된다. 남편은 밀원이 없어 설탕을 먹였을 때는 꿀을 안 뜨고 다시 벌에게 먹였다.

　5월 말 드디어 첫 꿀을 땄다. 적은 양이지만 한 달 간격으로 야생화 꿀, 아카시아, 밤 꿀 등을 조금씩 맛볼 수 있었다. 첫 번째 딴 꿀이 신기해 병에 담아놓고 당분 측정과 수분 측정기로 측정해보았다. 보통 수분이 18% 이상 넘어가

도시 남편 벌을 키우다 23

면 좋은 꿀로 분류된다. 진짜 꿀 탄생이다. 그동안 사 먹었던 꿀과는 전혀 다른 맛이다. 달콤하고 알싸한 향내가 목구멍을 톡 쏘는 것이 토종 꿀맛에 가깝다. 작년 여름 가뭄이 지속할 때 얻은 감로 꿀은 더 특별했다. 덥고 메마른 날 식물이나 나무들은 살아남기 위해 잎에 진액을 분비한다. 그걸 벌레들이 먹고 배설하면 끈적끈적한 침전물이 생기고 벌들은 이 침전물을 가져와 꿀로 만들어낸다. 자연도 사람도 극한환경에서 얻어낸 맛은 깊고 풍부하다. 단맛이 과하지 않고 부드럽고 향도 은은한 것이 검은빛에 가깝다. 모양새는 조청과 도라지 청을 섞은 것 같다. 아쉬운 것은 꿀 양이 적어 식구들끼리 나누어 먹기도 바쁘다.

  밭에서 일하던 동네 어르신이 벌에 쏘여 의식을 잃고 쓰러졌다는 전갈이다. 급히 집을 찾아 확인해보니 회복 중이다. 시골 사람들은 벌에 쏘여도 병원을 잘 찾지 않는다. 말벌에 쏘였을 때도 끄떡없었다는 그 어른이 병원까지 다녀왔다는 것이 의심스럽긴 했지만, 머리 정수리 급소를 쏘여 쓰러졌다 하니 음료수와 아끼던 꿀까지 챙겨 들고 병문안을 다녀왔다. 쏘인 부위보다 마음이 더 아팠던 것 같다.

  양봉을 시작한 남편은 하루가 멀다하고 벌에게 수십 방씩 쏘였다. 한번은 코끝을 쏘여 코가 불뚝하고, 어느 날은 귀를 쏘여 귓불이 벌겋다. 그래도 그때마다 조금 부었다 바로 가라앉았다. 벌을 무서워하는 나는 봉장 근처에는 아예 가질 않지만 꿀 따는 날은 곁에서 거들어 주어야 하기에 어쩔 수 없이 함께 간다. 그날도 너무 더워 잠시 방충망을 벗고 눈가에 흐르는 땀을 닦았다. 순간 채밀기 주위에 있던 벌이 목 주위를 돌며 윙윙거린다. 수건을 흔들어 제지하다 오른쪽 입술 위를 쏘였다. 벌은 침을 쏘면 침낭이 빠져 죽는다. 급히 달려온 남편이 얼굴에 박힌 침을 빼내고 질경이로 즙을 내어 발라주었다. 꿀과 화분만 관심이 있는 나는 하우스 속으로 피신 가족 카톡 창에 부어오른 얼굴을 휴대폰으로 찍어올렸다. 다음날 봉독이 목까지 타고 와 병원 신세를 졌다.

 겨울을 잘 버틴 벌이 여덟 통이 되었다. 농촌지도소에서 함께 벌 교육을 받은 분들의 벌은 겨울을 잘 지내지를 못하고 전부 죽었다 했다. 주인의 관심과 사랑은 벌도 살아남게 한다. 벌들이 겨우내 참았던 노란색 똥을 한꺼번에 다 배출하는 걸 보니 이제 다시 시작이다. 매일 성수를 받듯 집에서 깨끗한 물을 받아 벌에게 주고 오는 남편이다. 오늘도 여왕벌은 열심히 알을 낳아 식구를 늘린다. "벌침 맞고 싶으면 언제든지 농장으로 와. 벌침 놔 줄게. 내 뒤에는 십만 대군이 있어." 오늘도 남편은 큰소리친다.

전략적 기술

　초가을 피기 시작한 들깨꽃도 농장 하우스 옆에 노란 뚱딴지 꽃도 다 졌다. 농장 옆에 누렇게 뒤덮던 황금벌판도 탈곡 트랙터가 지나가고 하얀 비닐로 감싼 볏짚 뭉치만 남아 뒹군다. 가을내내 벌에게 화분을 내어주던 코스모스 꽃밭도 까만 씨앗만 매달려 바람에 흔들린다. 부지런히 따뜻한 곳을 찾아 길을 떠나는 철새 울음소리만 들리는 이곳 김포농장이다.
　들깨꽃이 질 무렵이면 벌들의 산란도 줄어든다. 자연재해가 발생하면 두꺼비나 쥐, 같은 양서류와 파충류들은 재해를 감지하는 능력이 뛰어나다. 여왕벌도 산란을 차츰차츰 줄이고 겨울 대비를 한다. 벌들은 온도가 16°이하로 내려가면 월동에 들어간다. 벌들은 추워지면 제 살길을 찾는다. 제일 먼저 알을 파내고, 다음이 유충, 봉충 순이다. 이때

먹이를 축내는 수벌부터 죽인다. 겨울을 나고 살아남기 위한 전략적 기술이다.

양봉가 겨울 월동은 사람들이 김장을 할 때다. 대략 12월 초 쯤으로 온도 조절을 위해 긴 보온덮개와 천 덮개, 보온재, 신문지등으로 보온을 단단히 한다. 그래도 겨울 추위에 죽는 벌들이 입구(소문)를 막고 있지않게 가끔 꼬챙이로 문을 청소해주어야 한다. 겨울철에도 도봉이 있다. 꿀을 탐내는 식구는 들판의 쥐들이다. 가끔 벌통을 뾰족한 이로 갉고 들어가기도 해 벌통 근처에 쥐덫을 설치했다.

11월 벌들도 이때쯤은 세력 싸움도 없다. 서로 의지하며 종족을 보존하기 위해 다른 통 벌들과도 손을 잡고 화해와 친교 전략을 펼친다. 양봉 농가에서는 겨울을 나는 벌을 위해 부지런히 도움의 손길을 내민다.

시중에는 가격이 아주 싼 꿀들이 있다. 그것은 일반인들은 진짜 꿀과 구별할 수 없는 거의 동일 한 맛을 낸다. 양심 있는 농가라면 이런 꿀은 생산하지 말아야 할 것이다. 양봉가는 10월이면 이런 사양 꿀을 많이 만들어 11월부터 3월까지 벌들의 비상식량으로 활용한다.

양봉인이 되려면 나무와 꽃을 먼저 심어야 한다. 자연에 의지하는 것은 미래지향적이지 못하다. 농부가 곡식을 뿌린 만큼 거두듯 양봉가에서도 꿀이 많이 나는 꽃과 나무를

전략적 기술 27

농장 근처에 미리미리 심어놓아야 한다. 처음 양봉을 시작했을 때는 들판의 자생하는 꽃만 믿고 시작 하였으니 수확량이 신통치 못했다. 올해는 농장 입구서부터 주변반경 1,2키로까지 코스모스와 족제비 싸리나무, 자운영 씨를 열심히 뿌렸더니 여름 내 농장 벌들이 멀리가지 않고도 근처에서 편안히 꿀을 모아올 수가 있었다. 야생으로 얻어지는 것에만 의지할 것이 아니라 노력을 드린 만큼 소득도 짭짤하다.

밭이 있는 김포 풍무동에는 새로 아파트를 조성하면서 조경으로 싸리나무를 심어놓았다. 반경 4키로까지 벌들이 날수 있는 한계다. 벌들이 열심히 꿀을 따모으는 모습을 보면서 흐뭇함을 느낀다.

밀원이 많은 나무 중에는 바이텍스(텍사스 라일락)는 90일이상(6-9) 꽃이 있고, 매연이 없는 곳에서만 자라는 물봉선화는 꿀주머니가 길쭉하고 자루같이 생겨 많은 꿀을 얻을수 있다. 일부 벌통을 옮겨놓을 춘천 백양리 농장에는 바이텍스, 산초 나무등 밀원이 많은 나무들과 물봉선화 군락지가 있어 가을 꿀도 기대된다.

꿀은 상하지 않는 완벽한 화학성분을 갖고 있다. 어떤 유기체도 살 수 없어 애당초 상할 수가 없다. 그래서 오천 년 전 꿀이 발견되어 지금 먹는다해도 아무런 문제가 없다.

벌들은 영상 8°이하면 날 수 없는 온도이다. 햇볕이 따뜻하고 기온이 조금 올라가 밖으로 나오는 벌이 더러 있기는 하나 움직임이 빠르지 못해 다시 들어가지 못하고 벌통 입구에서 죽는다.

벌들은 펭귄의 겨울나기와 비슷하다. 추운 계절 서로의 온기를 나누며 추위를 막는 펭귄은 바람을 많이 맞는 가장자리 보초병들은 교대로 자리를 바꾼다. 벌들도 추울 때면 문 앞에 있는 벌들이 안으로 들어가며 근무교대를 한다. 코로나로 사회적 거리 두기가 격상된 요즈음이다. 겨울을 나기 위한 벌들의 전략도 너무 붙어 있다 보니 해충 진드기가 생긴다. 특히 연약한 유충한테 붙어사는 진드기를 잡기 위해 11월이 되면 친환경 약인 '옥산살'을 뿌려 준다. 벌에 기생하는 진드기도 봄을 나고 가을까지 기하급수적으로 번식을 한다. 진드기 피해를 입은 벌들은 날개를 펼칠 수 없어 하늘도 날지 못 한다.

벌들이 겨울을 나려면 봉장주도 바쁘다. 벌통 위에 그늘막을 쳐주고 소문(벌통문) 앞에 널빤지를 대서 햇빛차단을 해야 한다. 햇볕이 들어가면 벌들이 밖으로 나올수 있다.

봄, 벌 깨우기 월동 덮개를 벗기기부터 벌의 건강, 상태를 확인하고 여름에는 벌들이 많이 폐사되어 특별관리를 한다.

가을엔 여름철 줄어든 개체 수 늘리기에 힘쓰고 겨울에는 보온을 잘해 살아남을 벌 관리에 충실해야 한다.

결혼비행 인간의 일상

어릴 적 날마다 꿈을 꾸었다.

수리수리 마수리 날아라. 얏! 주문을 외우고 발끝에 힘을 주면 몸이 하늘로 붕 떠오르는 꿈이다. 지붕 위를 날며 이집 저 집 보고 싶고, 듣고 싶은 이야기를 찾아 공중을 날아다녔다. 잠에서 깨어나서도 날 수만 있다면 하는 마음이 종종 들 때가 있었다. 맘껏 날 수 있는 꿀벌들은 결혼비행도 떠나고 공중에서 수벌과 은밀함을 즐기기도 한다.

꽃이 벌을 유혹하는 계절이 돌아왔다. 수벌이 목숨을 걸고 사랑을 찾는 계절 또한 이 시기다. 혼기 찬 아들도 주말이면 샤워하고 머리에 무스를 바르고 외출 한다. 여자 친구와 어딜 쏘다니는지 궁금하나 엄마 말을 잘 듣는 딸들 같지 않아 세세히 물어보기도 마뜩잖다. 수벌은 결혼에 골인하기 위해 오직 그날만을 생각하며 힘을 기른다. 아들도 결혼 비행을 준비 중 인가보다. 수벌은 이 시기가 되면 꿀과 화분을 대량으로 섭취하고 마지막 순간을 즐기기 위해 날개에 힘을 가해 달련 시킨다. 촉각(觸角)과 복안(複眼)도 깨끗이 닦아 여왕에 대한 예의도 갖춘다. 왕대에서 출방한 처녀 벌은 4일 만에 몸이 달아올라 들썩거린다. 바람난 여인이 밖으로 나도는 인간사와 같다. 여자는 바람이 나면 돌아오지 않는다는 속설은 사람한테만 해당될까? 꿀벌은 돌아올 제 집 위치를 정확히 확인하고 기억 비행에 충실하다. 결혼비행을 위해 집을 나갔다 집을 찾지 못하는 여왕벌이 간혹 있긴 하다. 바람 속도가 강해 방향을 잃기도 하고 새들에 의해 목숨을 잃기도 한다. 여왕을 잃은 꿀벌들은 변성왕대를 만들어 후계자 양성하며 비상상태로 돌입한다. 어느 날 남편이 여왕벌 한 마리를 집으로 가져왔다. 책상 위에 놓고 접시에 꿀을 담아 먹이며 들여다본다. 며칠 관찰하다 다시 봉장으로 가져가 벌통에 넣었더니 일벌들은 자신의 왕이 아니라 맹렬하게 배척하며 쫓아 버렸다.

 꿀벌은 결혼 날짜도 택일한다. 바람 없고 볕이 좋은 날로 정한다. 시간도 오전 열한 시부터 오후 세 시 사이 적당한 시간에 택한다. 여왕벌은 다른 벌에 비해 몸이 길고 배 끝이 뾰족한 것이 특징이다. 이때만큼은 몸집도 줄고 색도 약간 검은 빛으로 바뀌며 매력적 자태를 드러낸다.

결혼을 위한 여왕벌 꽃단장은 더 특별하다. 큰 턱 샘에서 수벌들을 유인할 페로몬 향을 가득 담아서 뿌리기 시작한다. 수벌들은 이 냄새에 흥분하여 들뜨기 시작하고, 이때를 틈타 여왕은 공중으로 2, 3백 미터를 치솟아 오르며 비행을 시작한다. 결혼비행을 위해 여왕이 집을 나설 때면 같은 봉군의 수벌과 그 일대 이웃 수벌들도 여왕 뒤를 호위하며 따른다. 수벌들은 서로 공중에서 격투를 벌이다가 이긴 자만이 여왕을 차지할 수 있다. 수벌은 쟁취한 사랑에 생식기가 빠지는 줄도 모르고 최후 순간까지 무아지경이 된다. 여왕벌의 질에 깊게 박힌 수벌 음경은 바로 절단되어 죽음을 맞는다. 한 마리 수벌로 애욕을 채울 수 없는 여왕은 적게는 네 마리 많을 때는 열 마리 이상과 정사를 벌인다. 여왕벌에게는 많은 수벌의 정자를 보관하는 저장 낭이 따로 있어 가능한 일이다.

꿀맛 같은 교미지만 아쉽게도 일생에 단 한 번 주어지는 여왕벌의 짝짓기다. 나이에 상관없이 결혼하고 나면 철이 들고 의젓해지는 것도 사람이다. 벌도 교미가 끝나면 행동도 침착해지고 몸집도 커지며 여왕으로서 품격을 갖춘다.

일벌들은 문밖에서 교미 나간 신왕의 귀환을 기다린다. 왕이 돌아오기 전 알을 낳을 방도 깨끗하게 청소한다. 결혼

결혼비행 인간의 일상

비행에 지친 여왕은 몸에 박힌 수벌의 성기를 매단 채 집으로 들어온다. 시녀 벌들은 그것을 일일이 뽑아주며 여왕의 피로를 달래준다. 이때부터 여왕벌은 몸가짐을 경건히 하고 출입을 삼가며 비행의 여독도 푼다. 시녀 일벌들은 여왕을 받들며 산란 방으로 안내도 한다. 칠흑 같은 어둠 속에서 여왕은 수정란과 무정란을 구분 지으며 알을 낳기 시작한다.

춘천이 고향인 남편은 벌을 무서워하지 않는다. 어릴 적 고만고만한 동네 아이들을 모아놓고 짓궂은 장난을 즐겼다. 그때 맨손으로 벌을 잡아 아이들을 골려주었던 이야기를 아직도 영웅담인 양 내게 들려준다. 동네 아이들에게 손을 벌려보라 하고, 그들이 내민 손바닥 위에 벌을 슬쩍 올려놓으면 아이들은 괴성을 지르며 도망갔다. 수벌은 체구가 크고 뭉툭하며 침이 없어 쏠 줄 모른다. 어릴 적 이미 수벌의 생리를 잘 알고 있던 개구쟁이 남편이다. 공직 퇴직 후 취미로 시작한 벌 키우기가 부업으로 바뀐 것도 어릴 적부터 친근하게 벌의 세계를 익혔기 때문일 것이다. 남편은 늙어가면서도 변치 않는 게 하나 있다. 바로 남에게 지기 싫어하는 수컷의 본능이다. 간혹 이웃집 남편 칭찬을 좀 들려주면

"그놈들도 알고 보면 다 거기서 거기야!"

귀를 틀어막고 말로써 독침을 쏜다. 수벌도 그의 경쟁상대인가보다. 봉긋하게 튀어나온 수벌 애벌레 집을 칼로 싹둑 잘랐다. 교미를 못 하고 허탕 치고 집으로 되돌아온 수벌은 제 구실도 못하고 온 놈이라며 남편은 그들을 단칼에 제거해 버렸다.

혼자 살 수 없는 벌들의 세계다. 양봉업도 천운이 따라주어야 한다. 작년에는 양봉인 초보인데 날씨도 따라주지 않았다. 아카시 꽃이 필 무렵 비가 많이 왔고, 바람까지 세차게 불어 꿀이 한 병밖에 없었다. 올봄에는 연일 화창한 날씨여서인지 아카시 꿀을 40병이나 채취했다. 날씨가 양봉업을 좌지우지한다는 사실을 이제야 깨닫는다.

벌은 적의 침입이 있을 때 여왕을 제일 먼저 안전한 곳으로 대피시킨다. 그리고는 봉군을 위해서 최후까지 공동이익만을 취한다. 여왕을 위한 일이라면 힘과 생명을 바치고, 오로지 무리의 발전과 증식만을 위한다.

다섯 통에서 시작한 벌 농사가 올해에는 열통으로 늘어났다. 쉬지 않는 노동력과 끊임없는 번식력으로 살아남은 김포 태리 봉장의 벌 이야기다. 귀소성이 있는 그들은 소를 희생하며 집단을 위해 목숨을 바친다. 자기 식구들에 대한 강한 애착심은 다른 벌들이 들어오면 바로 공격을 개시한다.

젊은 시절 툭하면 말로 쏘아대며 상처를 주던 남편도 이제는 침도, 말의 독성도 예전 같지 않다. 벌을 키우며 부지런한 근성과 활력을 되찾아 뒤늦게 가족에 대한 애착도 보인다. 아침에 일찍 일어나는 새가 먹이를 많이 먹듯 벌들은 꾀를 부리지 않고 정직하다.

30여 년 전 결혼비행 대신 제주도로 비행기를 타고 신혼여행을 하고 온 우리 부부는 꿀벌처럼 쉬지 않고 앞만 보고 달려왔다. 아들, 딸을 낳아 키웠고 또 그 아이들이 자식을 낳아 꿀벌처럼 대를 이어간다. 결혼비행은 꿀벌도, 사람도 꼭 거쳐야 할 일생의 한 부분이다.

꿀벌 이사 느리지만 단단하게

  변함없는 삶은 행복 의미도 가끔 잊게 만든다. 갑자기 김포농장이 팔렸다. 남편이 은퇴 후 양봉을 시작하면서 봄, 여름, 가을, 겨울 하루도 거르지 않고 갔던 김포 봉장이다. 부천 집에서 봉장까지는 차로 30분 거리. 나도 주중 한, 두 번은 MTB 자전거를 타고 농장으로 갔다. 햇살이 좋아도 바람이 불어도 자전거 페달을 밟았다.
  퇴직한 남편이 어느 날 양봉을 하겠다 했다. 말이 끝나기가 무섭게 당장 벌 다섯 통을 사 들고 언니네 농장이 있는 김포 밭에 벌통을 가져다 놓았다. 집 근처 가까운 곳에 땅을 물색해보니 마땅한 곳이 없다. 수도권 근처는 땅값이 엄청 비싸 엄두가 나지 않았다. 김포 언니네 농장 한 귀퉁이에서 벌을 키우기로 했다. 언니가 농장을 산 것이 20년 여

년 전이다. 그동안 팔겠다 내놓았지만 사겠다는 사람이 없었다. 갑자기 땅이 팔리니 당황한 것은 우리 쪽이다.

남편의 고향 춘천 가는 길목에 작은 용지를 마련할 수 있었다. 남들은 올해 꿀 농사가 흉작이라는데 양봉 4년 차인 우리는 가장 많은 꿀을 얻었다. 첫 해는 김포 밭 한가운데라 꿀이 있을까 걱정했으나 그곳은 벌 농사하기에는 최적의 조건이었다. 넓은 들녘에는 벼, 참깨, 들깨, 꽃 피는 곡식도 많았고 밭 옆에는 농수로가 있었다. 수로 변에는 끝이 보이지 않는 싸리나무와 족제비 꼬리 싸리나무 군락이 있다. 그 나무들은 밀원이 많은 나무라 양봉인들이 선호하는 것들이다. 들판 끝에는 아카시와 밤나무 숲까지 있어 계절 따라 벌들이 꿀을 채취하느라 늘 바쁜 곳이었다.

사는 집도 이사 한번 하려면 분주한데, 춘천으로 양봉장을 옮기려니 마음도 몸도 어수선하다. 가을 화분까지 채취하고 곧바로 양봉장에서 필요한 도구(빈 벌통, 소비)를 강원도 춘천시 남산면 백양리로 하나, 둘 미리 옮겼다. 나머지 벌통들은 3t 트럭을 불러 한꺼번에 옮길 참이다.

이사준비와 집안 행사로 김포농장을 이틀 만에 찾았다. 봉장 끝에 있던 컨테이너 앞에 벌들이 떼로 나와 윙윙거린다. 급히 채밀 복을 챙겨입고 문을 여니 바닥에 벌의 사체가 새까맣게 깔려있다. 이틀 사이 무슨 일이 있었을까? 주인이 벌만 두고 떠날까 두려웠을까 아니면 태어난 고향을 떠나기 싫었을까, 벌들은 그 좁은 컨테이너 틈으로 어찌 들어갔는지 의문투성이다. 가을 벌은 수명이 4개월이다. 늦가을 양봉인들은 겨울에 먹을 벌 식량을 미리미리 비축해 놓는다. 컨테이너 속에는 20여 개 꿀이 가득 담긴 꿀 장을 넣어 두었다.

 컨테이너에는 쪽 창문이 하나 있다. 겨울을 나기 위해 벌들은 필사의 힘을 발휘한 모양이다. 창문 밑에 조그만 틈새 구멍을 찾았다. 원인은 그곳이다. 가을 내내 모아 두었던 꿀 장의 꿀을 이틀 사이에 다 먹어 치웠다. 최후의 순간에도 꿀을 구하려 나섰던 일벌의 충성심이 경이롭다. 좁은 틈새를 빠져나오질 못해 그곳에서 최후를 맞은 벌을 쓸어 담아 묻어주며 이사를 서둘렀다.

 밖이 어두워질 때를 기다렸다. 벌통 입구를 닫고 위, 아래를 열리지 않게 못질을 하고 뚜껑을 벌통과 함께 밧줄로 묶었다. 멀리 꿀을 따러 나갔다가 늦게 돌아온 벌은 통 안으로 들어가지 못하고 미아가 된다. 남편은 남은 벌을 포기하고 떠나야 하는 것이 마음 아파 혀를 끌끌 찬다. 그렇다고 소문(벌통 문)을 열면 벌이 나오니 어쩔 수가 없다.

 새벽 다섯 시, 벌통을 차에 옮겨 싣고 강원도로 출발했다. 트럭 앞 좌석에 앉은 내 귓속에 오늘따라 온통 벌 날갯소리만 들린다. 차로 세 시간 달리니 춘천시 남산면 백양리 봉장 도착이다. 벌통을 내려놓자마자 소문을 하나씩 열어주었다. 오는 동안 답답했는지 벌들이 와르르 쏟아지듯 하늘로 날아오른다. 새 보금자리의 지형을 살피는 낌새다.

3개월에 걸친 이사가 마무리되었다. 봉장이 산속에 있는 탓인지 코끝으로 들어오는 바람의 향기도 다르다. 남편은 벌을 키우기 전에는 감성보다 이성이 앞서던 사람이다. 벌을 키우면서 벌을 자식처럼 여긴다. 칼칼한 성격에 대쪽같던 사람이 벌을 키우며 늙어가니 부드러운 어르신으로 변신 중이다.

12월엔 지상파방송 EBS TV에서 '은퇴 후, 금 퇴인으로 사는 삶'이라는 프로그램에도 출연했다. 생방송 중 진행자가 부인에게 한 말씀 하라 하니,

'그동안 수고했어. 사랑해'란 간지러운 말로 내 마음을 녹이기도 했다. 공직생활 땐 존재를 드러내기 어려웠던 그가 은퇴 후 얻은 직업 양봉인으로 방송 출연도 했으니 그것으로 충분하다. 아내가 남편에게 하고 싶은 말을 영상으로 찍어 달라는 담당 PD 요청에 나도

'규선 씨 사랑합니다' 너스레도 떨어보았다. 자전거를 타고 김포농장은 갈 수 없지만 이제는 용산에서 출발하는 청춘열차를 타게 되었다.

미물인 벌은 자연에 잘 적응하겠지만, 70 고개를 넘은 남편이 장거리를 오가니 걱정이 앞선다. 춘천서 청량리까지 기차를 타고 유학을 한 그가 다시 기차를 탄다. 청춘열차를 타고 춘천 가는 길은 그에겐 젊음도 되살려 준다.

 차창 밖으로 스치는 춘천 가는 풍경은 그를 학창 시절로 돌아가게 만든다. 봉장이 산속에 있어 김포 벌판과는 기후 조건이 다르다. 사람도 벌들도 적응 기간이 필요하겠지만, 그는 인생 열차를 타고 다시 꿈을 꾸는 중이다.

은밀한 봄 달콤한 여정

꽃 향이 유난히 진한 봄이다. 봉장이 있는 곳까지 가는 길에 아카시 꽃이 탐스럽다. 도로변 가로수로 심은 이팝나무도, 산 중턱 아카시도 온통 흰색 꽃으로 흐드러졌다. 봄꽃 향기에 취한 게 얼마 전인가 했더니 벌써 꽃잎이 튀밥처럼 떨어져 도로변에 나뒹군다. 백양리는 아직도 아카시꽃 소식이 없고 봉오리만 봉긋하다.

4월인데도 꽃이라곤 보이지 않고 누런 검불만 보인다. 봄이 늦게 찾아오니 이런 산속에 과연 벌 먹이가 있을까 의구심이 든다. 봉장으로 사용할 땅을 잘못 산 것은 아닐까, 이래저래 걱정이 앞섰다. 산세가 깊으니 산은 푸르게도 보이지만 그늘진 곳은 검은색으로도 보인다. 봉장 올라가는 곳은 대로에서 조금 들어가면 바로 좁다랗게 난 구불구불한

미포장 길이다. 줄기로 뻗어 나간 골짜기를 일일이 눈으로 살펴볼 수가 없다. 이왕 시작한 것이니 기다려보기로 했다. 며칠 새 푸르스름한 참나무 꽃이 피기 시작한다. 벌도 파르스름한 화분을 양쪽 날개 옆에 달고 온다.

춘천 전철 굴봉산역이 봉장 근처에 있다. 배낭을 짊어지고 나물을 뜯으러 오가는 이들이 근처에 많다. 봉장 건너편에도 참 다래나무가 있다. 사람들이 북적거려 나도 가시덤불을 헤치고 가보니 정말 온통 다래나무 숲이었다. 다래는 버드나무처럼 축축 늘어지며 줄기를 만들고, 다른 나무를 감아 올라타며 사는 나무다. 여린 다래 순은 데쳐서 초고추장에 찍어 먹어도 맛있지만 삶아서 묵나물로 말리면 고급 호텔에서도 대접받는 나물이다.

양봉가는 다래 순보다 다래꽃이 더 기대된다. 다래꽃은 꽃이 피는 시기가 짧아 눈 깜짝할 사이에 피었다 진다. 다래꽃이 피길 기다리며 며칠 벌통에 화분 틀을 걸었다. 다래 화분은 습도가 높아 조심스럽다. 비닐봉지에 담아 집으로 가져오니 다 뭉그러졌다. 꽃피는 시기가 짧아 그런지 화분 양도 워낙 적다. 그래도 워낙 귀한 거라 건조기에 말리니 2통 나왔다. 화분 색이 묘하게도 미색으로도 보이고 흰색으로도 보인다. 달달 씁쌀한 다래 화분을 아침마다 한 수저씩 떠먹으며 건강을 챙겨본다.

은밀한 봄 달콤한 여정

60여 년을 살면서 네 잎 클로버를 한 번도 찾지 못했다. 올해는 어쩐 일인지 인천대공원에서 네 잎 클로버를 세 개나 찾았다. 그래서일까 행운 여신이 선물을 내게 안겨준 것 같은 기분이 들었다. 산속에서 처음 수확한 야생화 꿀은 다른 지역보다 15일가량 늦었지만 산 내음이 듬뿍 들어있다. 한 수저 떠먹어 보니 목구멍이 톡 쏘며 알싸하다. 색도 붉은빛이다. 딱 일주일 만에 다시 기적 같은 행운이 또 찾아왔다. 침엽수만 있다 생각한 산에서 벌들이 아카시아 꿀을 모아오기 시작했다. 무려 4Km를 넘나들며 일주일 만에 말갛고 하얀 아카시아 꿀을 일곱 말(70병)이나 떴다. 꿀량이 워낙 많아 겨우 자동차에 옮겨 실었다. 부천 집으로 와 거실 장식장 앞에 꿀 병을 늘어놓으니 가슴이 다 뿌듯하다.

김포 들판과는 전혀 다른 숲속에서 받는 고귀한 선물이다. 다시 열흘 후, 야생화 꿀을 한 번 더 뜨니 이번에는 진한 밤색이다. 벌통에 꿀이 또 그득하다. 그 산은 꿀을 숨겨놓은 보물 창고였고 벌의 일터였다. 컨테이너에서 창밖을 바라보면 파란 하늘 위를 일개 사단 병력이 이동하듯 벌들이 부지런히 오간다. 꿀을 따러 가는 충직한 일꾼들을 바라보고 있노라면 탄성이 절로 나온다.

가뭄이 심하면 나무들이 강한 햇빛으로부터 잎을 보호하기 위하여 나무 수액을 내보낸다. 가끔 산에 가서 보면 나뭇잎에 끈적거리는 진액이 묻어 있는 것을 볼 수 있다. 이것은 나무들이 자신을 보호하기 위해 수액을 내보내 태양빛으로부터 수분 증발을 막고자 하는 보호 물질이다. 벌들이 이것을 물어와 저장한 것이 감로 꿀이다. 감로 꿀에는 항균 성분인 플라보노이드가 포함되어 있다. 항균에 도움이 되기 때문에 박테리아, 곰팡이의 성장을 억제해서 예로부터 외상, 감염에 항생제로도 사용된다고 한다.

열흘 후 꿀을 또 뜨니 색이 새까맣다. 양봉 오 년 만에 대량으로 떠본 감로 꿀이다. 꿀 중에 내 입맛에는 제일 좋았다. 어릴 적 어머니가 해 주신 곡물로 만든 조청같이 진득하고 도라지 청같이 새까맣다. 농장 근처에서 뜯은 쑥으로 가래떡을 뽑아 찍어 먹으니 꿀떡 잘도 넘어간다. 귀한 꿀을 선물해준 산에 감사하며 부지런히 산속을 헤매고 다닌 우리 벌이 고맙다.

일 년 중 마지막으로 따는 꿀이 밤 꿀이다. 밤나무는 한 나무에 암수가 있고 6월에 핀다. 수 꽃은 꼬리 모양의 긴 꽃 이삭에 달리고, 암꽃은 그 위에 2~3개가 달려있다. 수꽃들은 자신의 종자를 암꽃에 먼저 다가가기 위해 온도가 습하고 끈끈한 날에 강하게 향을 낸다. 식물도 사람도 사랑의 결실을 위해서는 은밀함과 끈끈함이 있어야 이루어지나

은밀한 봄 달콤한 여정 45

보다.

밤꽃은 남성의 정액 냄새와 비슷한데 이는 밤꽃 냄새의 성분 중 스퍼미딘spermidine)과 스퍼민(spermine)이 남성 정액에도 똑같이 들어있기 때문이라 한다.

밤꿀까지 대박이 나니 올해 꿀 농사는 대풍년이다. 2(200병)드럼 가까이 떴으니 취미로 시작한 것이 쏠쏠한 수입원이 되었다.

매일 하루도 거르지 않고 춘천을 전철로 오가는 봉장 주인의 노력도 있지만, 올해는 날씨도 한몫 거들어 주었다. 꽃이 피는 시기에 비가 오지 않아 근처 다른 양봉인들도 많은 양의 꿀을 얻을 수 있었다. 남쪽에는 벌들이 대량으로 실종되었다지만 이곳 강원도 굴봉산 자락의 벌들은 세력을 늘리며 산속을 거침없이 다닌다.

뜻하지 않게 건강에 적신호가 왔다. 가끔 불안감이 엄습한다. 잠시 휴식을 취하기로 했다. 병원도 오가며 일주일에 세 번 남편을 따라 봉장이 있는 춘천을 오간다. 용산에서 청춘열차를 타고 창밖을 바라보면 불안하던 머릿속이 편안해진다. 올해로 결혼생활 40년째다. 사랑을 읊으며 은밀하고 달콤하던 시절은 다시 돌아오지 않는다. 양봉을 시작하며 꿀을 많이 얻으니 끈끈한 부부 사이가 되었다. 오늘도 남편 곁으로 다가가 땀이 밴 손을 내밀며 슬며시 잡아본다.

꿀도 때론 쓰다

취미로 시작한 양봉업이 올해로 4년째이다. 처음에는 꿀 양이 적어 친정 식구들과 나눠 먹었다. 그간 양봉 이론과 실무를 병행하며 공부한 남편 덕분에 양봉기술도 늘고 집으로 가져오는 꿀 양도 늘어났다. 남편은 꿀 생산만 신경 쓰지, 판매는 전적으로 나에게 미룬다. 땀과 정성을 다한 결과물답게 꿀의 달콤함은 곧 지폐다. 눈앞에서 지폐가 왔다 갔다 하니 나도 덩달아 들떠 깜냥 깜냥이다. 이런 속도로 벌 숫자가 늘다 보면 꿀통이 돈 통으로 뒤바뀌는 건 아닐까 상상도 해본다.

벌 소리만 들어도 질색을 하던 나도 남편을 따라 봉장을 다니다 보니 채밀 복만 잘 챙겨 입으면 벌도 그다지 두려운 존재가 아니다. 꿀을 수확하는 날은 밀랍을 베어낼 칼자루라도 곁에서 쥐여 주어야 일이 쉽고 빠르다.

아파트 현관문을 열었더니 거실 장식장 위에 꿀 병이 주르륵 놓여 있다. 첫 꿀을 따고 보름 만에 다시 딴 아카시아 꿀이다. 코로나로 학교가 휴교 되어, 직장 다는 딸 대신 세종시 사는 초등학생인 손녀를 돌보러 급히 내려갔었다. 집을 비운 보름 동안 농장 벌들이 아카시아 숲속을 헤집고 다녔나 보다. 꿀이 많아 좋다는 생각보다 어찌 팔아야 하나 걱정이 태산이다. 평소에도 무슨 일이든, 벌어지면 일을 속전속결로 해결해야만 심사가 편한 성격이다. 재활용할 상자는 모두 여덟 개가 있다, 유리병에 꿀을 가득 담아 마개를 틀었다. 신문지로 둘둘 말고 뽁뽁이를 붙이고 테이프로 칭칭 감싸고 캐리어에 싣고 우체국 가서 택배로 겨우 부치고 돌아왔다.

친구가 보내온 사진 한 장에 가슴이 철렁 내려앉았다. 날카롭게 이를 드러내고 깨진 유리병 사진을 보니 다리 힘이 풀린다. 친구에게 전화해 무조건 사과부터 했다. 통화를 마무리하고 지끈거리는 머리를 부여잡고 멍하니 앉아있었다. 누구를 원망할 것인가 택배기사? 택배 집합소? 꿀 병이 깨진 것은 전적으로 내 부주의다.

결혼생활도, 연인이 했던 언약도, 지키지 못할 약속도, 같이 했던 사업도 깨짐은 좋은 쪽보다 나쁨이 더 많다. 누군가 보낸 택배 상자에 물건이 깨져 있다면 얼마나 당황스러

올까. 더구나 내용물이 꿀이다. 당황스러웠을 친구 얼굴이 떠올라 미안하기 짝이 없다.

플라스틱병은 인체에 해로우니 유리병을 써야 한다는 남편이다. 병은 무게도 무겁지만, 용량을 재는 저울 앞에는 유리병 취급 안 함, 깨져도 변상 없음. 이런 문구가 큼지막하게 쓰여 있긴 했다. 처음 보내보는 택배라 나름대로는 포장에 신경 썼다. 무게 달고 받을 친구 주소까지 꼼꼼히 살피고 내용물은 '꿀'이라 적고 거액의 택배비까지 물었다.

집안에 꿀이 잔뜩 쌓여 있으니 마음이 바빠졌다. 예전에도 가끔 이웃에서 꿀을 팔아 달라는 부탁을 받아 간간 팔아보긴 했다. 집에서 직접 생산 판매하는 정직한 꿀이라는 자부심에 천천히 두고두고 팔라는 남편의 설명이다. 바로바로 제철에 제값 받고 팔아야 한다는 내 생각이다. 단골 미장원, 음식점, 건강원, 집 주변을 돌며 각각 열 병씩 팔아달라 맡겼다. 대학동문 사이트에는 지인이 품질 좋은 꿀이라는 문구까지 올려주었다. 여러 사람이 도와준 덕분에 꿀 80병을 이틀 만에 완판했다.

"어떻게 꾸렸기에 깨졌어! 깨진 꿀 병보다 꿀이 쓰레기로 버려진 것이 아까운 남편이 뺏성을 냈다.

"나 이제 꿀 못 팔아 못해! 당신이 다 해."

포장 일을 하고 나니 손바닥이 벌겋게 부어올랐다. 꾹 참

꿀도 때론 쓰다 49

고 판매할 꿀을 수레에 싣고 끌고 나가다 더 큰 일이 벌어졌다. 현관 앞에서 유리 꿀 병이 데구루루 굴러떨어져 아파트 단지 입구가 꿀범벅이 되었다. 유리 파편부터 치우고 꿀 묻은 신문지를 걷어내고 경비 아저씨께 빗자루를 빌려 쓸고, 닦고, 물 뿌리고 한바탕 소동을 피웠다. 날카로워진 내 반응에 남편이 밖으로 슬며시 나간다. 잠시 후 그의 손에는 거대한 두루마리 뽁뽁이가 들려 있다.

"앞으로 택배 포장은 내가 다 할게. 유리 꿀 병도 플라스틱병으로 신청했어." 유리병을 고집하던 이가 말꼬리를 내린다. 구부정한 등으로 물건을 찬찬히 다시 꾸리는 남편은 하는 일이 항상 열없다. 깨진 꿀 병이 여덟 개나 되니 속이 쓰리긴 나도 매한가지다. 정성스레 벌을 키운 남편 고생을 모르는 것은 아니나, 꿀량이 늘었는데도 판매를 내게만 맡기는 남편이 야속했다. 불행 중 다행인 것은 택배로 보낸 깨진 꿀 병들이 생판 모르는 사람들이 아닌 여고 친구들이었기에 그나마 다행이다. 달콤한 꿀도 때론 쓰다는 것을 몸으로 익힌 오늘, 줄줄 흐르는 밤은 오늘따라 더 끈적인다.

2- 여왕 만들기

-농장 매화나무에 축구공처럼 집 나간 벌들이 매달려 있다. 여왕벌은 집이 좁으면 식솔을 전부 이끌고 넓은 공간의 다른 집을 찾아 나선다. 오늘은 봉장 매실 나뭇가지에 매달려 있다-

왕이 사라지다

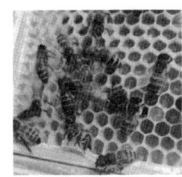

왕이 알을 낳지 못하면 일벌들에 의해 죽임을 당한다. 벌통이 좁을 때는 분봉을 하는 경우는 있으나, 저 혼자 살아남으려 집을 떠나는 경우는 없다.

벌들이 모아오는 꿀은 일 년에 네 번이다. 5월 초순 들판에 피는 야생화 꿀을 시작으로 아카시, 야생화, 밤 꿀 순이다. 가끔 한 번 더 뜨는 경우가 더러 있다. 가뭄이 한 달 이상 지속 될 때 식물도 가뭄을 탄다. 나무는 진땀을 흘리며 수액을 배출하고, 끈적끈적한 나무 진액을 진딧물과 여러 곤충이 먹고 다시 배설한다. 그 배설물을 벌이 물고 와 만들어 내는 것이 감로 꿀이다. 그 꿀은 워낙 귀해 양봉을 하는 4년 동안 딱 세 병 채취했다. 사람도 식물도 애타는 속내는 색이 검다. 감로꿀 색도 새까맣다.

작년에 사간 꿀이 굳어졌다는 연락이 왔다. 혹시 설탕물을 먹였나 미심쩍어하는 상대방 의중이다. 하기사 나도 예전엔 그렇게 생각했었다. 벌을 키우고 꿀을 생산하다 보니 그것은 꿀이 상한 것이라 저장하는 동안 물리적 현상이었다.

 꿀은 꽃의 종류에 따라 맛과 색이 다르고 과당과 포도당의 비율도 다르다. 수용성 꿀이 결정체를 이루는 것은 몇 가지 조건이 있다. 과당보다 포도당이 많을 때, 외부온도가 15°이하일 때, 화분의 혼입이 많을 때, 주로 굳어진다. 나무에서 피는 꽃 보다는 일년생 유채, 싸리, 등 야생화 꿀이 잘 굳어진다. 먹을 만큼 떠서 뭉근하게 열을 가하면 원 상태로 돌아온다.

 봄에 뜨는 첫 꿀은 아카시 꽃이 버선 발 같이 봉긋하게 부풀어 올랐을 때다. 아카시가 만개할 때 벌통을 비워 그 꿀만을 추출하기 위함이다. 가끔 어느 꿀이 좋은지 묻는 사람들이 있다. 그건 사람에 따라 선호도가 틀린다. 향이 짙은 아카시 꽃향을 좋아하는 사람들은 그것만 찾는다. 개인적으로는 봄에 처음 피는 꽃에서 딴 야생화꿀이 향도, 당도도 좋다. 우리나라 산과 들 곳곳에 아카시 나무가 많아 꿀 중에 제일 물량이 많은 것도 아카시 꿀이기도 하다.

 꿀양은 날씨가 관건이다. 아카시 꽃 피는 시기에 날씨가 맑고 온도가 25도에서 30도로 유지되면 일벌들은 3일이면 꿀통에 꿀을 그득 채울 수 있다. 그래서 꽃이 많은 곳을 찾아다니는 이동 양봉인들도 이때가 가장 바쁘다. 이 시기에는 이틀에 한 번씩 꿀을 채밀하는 농가도 있다.

  이 계절엔 일벌들은 다량의 꿀을 모아오기 위해 적은 시간도 아껴 쓴다. 벌통 안에는 꿀을 저장하는 곳과 알 낳는 곳이 분리되어 있다. 꿀은 주로 2층에 저장하고 알은 1층에 산란한다.

  어린 시절 농사일에 바쁜 부모님을 위해 밭으로 물 주전자를 챙겨 갔다.

  일벌에게도 이때만큼은 시간이 금이다. 2층 저 밀장 안까지 들어가지 않고 가까운 1층 빈 공간에 꿀을 저장하거나 실내 근무자에게 모아온 꿀을 입으로 전달하고 다시 또 꿀을 모으기 위해 비행한다. 남은 벌들은 유충의 보모역할을 하기도 하고, 집 정리를 위해 2층 저장고로 꿀을 다시 옮겨 놓는다.

  올 봄엔 도시에서도 아카시 향기를 맡을 수 있을 정도로 쾌청한 날씨가 지속 되었다. 이곳 김포 장기리엔 가끔 가랑비가 내렸는데도 불구하고 벌통에 꿀이 가득 찼다.

  땔감이 부족하던 1970년대에는 산에 가랑잎도 남아있질 않았다. 내 고향 포천도 푸른 산보다 벌거벗은 민둥산이 많았다. 경제개발 5개년 프로젝트의 하나로 산림녹화 사업이 시작되었다. 빠른 기간에 속성으로 자랄 수 있는 나무가 아카시 나무다. 언제부터 아카시 뿌리가 산을 황폐하게 만든

나며 천덕꾸러기로 내몰렸다. 그래도 우리나라는 전체 꿀 생산량의 70%가 아카시 꿀이다. 이산 저산에서 풍겨오는 향긋한 아카시 꽃 냄새에 취한 사람들은 코를 벌름거리고 벌들은 빠른 날개짓으로 열심히 꿀을 물어온다. 꿀이 많으면 더 행복할 것 같은데 막상 거실 장식장에 쭉 늘어져 있는 많은 꿀 병들을 보니 저걸 어찌 다 팔아야 하나 근심이 앞서고 숨이 탁 막혔다.

농장 매화나무에 축구공처럼 집 나간 벌들이 매달려 있다. 여왕벌은 집이 좁으면 식솔을 전부 이끌고 넓은 공간의 다른 집을 찾아 나선다. 다행히 오늘은 봉장 매실 나뭇가지에 매달려 있다. 때론 먼 곳으로 가출을 하기도 한다. 얼마 전에는 농장 근처 마을 사람이 가출한 우리 벌을 신고해 왔다. 차로 오 분 거리이지만 걸어서는 10분 거리다. 먼 거리 가출은 어렵지만 한번 가출한 곳에서 다시 장소를 옮길 때는 장거리 이동도 가능하다. 벌도 사람도 처음이 중요하다. 한번 집을 나갔다 들어온 벌들은 봉장 벌통에 다시 들어와도 여차하면 나갈 궁리로 엉덩이를 들썩인다.

매실 나뭇가지에서 데려온 벌통은 들여다보니 허술하다. 한번 나갔던 벌들이 다시 매실나무에 매달려 있다. 여왕벌을 찾아내 벌통 안으로 데리고 들어왔는데도 여왕 체취가 그 나뭇가지에 남아있어 그곳을 배회 하나 보다.

사태를 직감한 일벌들이 부지런히 움직이기 시작한다. 여왕이 페르몬 향으로 벌들을 관리할 때는 제각기 분담된 일을 일사천리로 한다. 여왕 산방에서 일을 거들거나, 방 청소 같은 소일거리가 그것이다. 그들도 간간 눈치를 살피며 시간을 채우기도 한다. 가득 채워놓은 꿀통도 며칠 비가 내리면 벌들이 그걸 다시 파 먹기도 한다.

편안한 일상이 고귀하다는 걸 벌도 사람도 평상시에는 느끼지 못한다. 왕이 사라지면 그때서야 벌들도 비상사태를 직감한다. 왕대를 세워 새 여왕을 만들거나 식량을 구하기 위해 급히 꿀을 찾아 나선다. 소비에 꿀을 채워놓으며 비상사태에 대비 만반의 준비태세를 갖춘다. 이때 봉장 주는 꿀이 가득 찬 소비를 다른 곳으로 빼내 보관 한다.

최근 미물의 세계에서는 있을 수 없는 사건이 인간 세상에서 보도 되었다. 탈레반의 침공으로 자신의 목숨만을 위해 국민을 버리고 혼자 탈출한 아프카니스탄 대통령 이야기다. 벌의 세계에서는 왕이 사라지는 이유는 세 가지다. 병약한 왕이 알을 낳지 못하면 일벌들에 의해 죽임을 당한다. 벌통이 좁을 때는 식구들을 동반하고 분봉을 하는 경우는 있으나, 저 혼자 살아남으려 집을 떠나는 경우는 전혀 없다. 때론 사람보다 나은 미물의 세계다.

날개를 접고 날개를 펴고

　벌통에서 날개를 제대로 펴지 못하는 여왕벌이 태어났다. 그런 벌은 하늘을 날 수도 없고, 교미도 못 해 여왕 구실을 못 한다. 일벌들은 이런 비상사태에 재빠르게 대처, 여왕 부재를 대비 동봉산란을 해 놓았다. 일벌은 모두가 암벌들이다. 여왕이 내뿜는 페로몬 향에 의해 잠시 생식능력을 잊고 살다 위급할 때만 알을 낳는다. 이럴 때 낳은 알은 모두 무정란이고 모두 수벌이다. 양봉가에서는 꿀을 모아오는 일벌이 필요하지 수벌은 골칫거리다. 수벌은 오로지 세대를 이어주는 교미 역할 외에는 별 할 일이 없다. 식량이 부족해지는 가을이나 겨울철 제일 먼저 일벌들에 의해 죽임을 당하는 것도 수벌이다. 한세대를 이어주는 몇몇 힘센 수벌만이 대접을 받는 벌의 세계다.

날개가 부실한 여왕이 태어난 벌통을 없애려 벌통을 들어 밖으로 털어버렸다. 다음날 여왕을 턴 그 자리에 일벌들이 모두 나와 봉구를 틀고 밖으로 뭉쳤다. 혹시 몰라 날개 접힌 여왕을 찾아내 다시 벌통 속에 집어넣었다. 일벌들은 또다시 동봉산란을 잔뜩 해 놓았다. 몸이 부실한 여왕을 의심한 벌의 본능이다. 봉장 주가 더 지켜볼 수 없다며 여왕을 죽였다. 그제야 일벌들은 각자 다른 벌통으로 여왕을 찾아 나섰다.

올해도 벌 세력이 부실하다. 연일 무덥고, 습한 날씨는 동남아 스콜처럼 비도 자주 내렸다. 이런 이유 때문인가 지금쯤이면 한창 새끼를 낳고 키워야 할 시기인데 벌 숫자가 많지 않다. 벌통을 열면 당장이라도 덤빌 듯 웡웡대던 벌들이 요즈음은 벌통을 열어도 별 반응이 없고 조용하다. 어느 해인가 꿀이 대박 난 적이 딱 한 번 있다. 그날은 꿀을 빼앗아 가는 자를 위해 보초병들이 끝까지 추격해 집중으로 공격했다. 머리, 귀, 얼굴까지 쏘여 컨테이너 안으로 피신하고 근처 보건소를 찾으니 시골에서는 종종 있는 일이라며 벌에 쏘인 먹는 약을 주어 무사히 지나갔다. 벌이 신통치 않으니 꿀도 소량이다. 질 좋은 백양리 산 꿀을 먹어본 지인들이 입소문을 내주어 선주문이 많이 들어왔지만, 물량이 없어 다 해결해 주지 못하고 내년으로 미루었다.

요즈음 들어 눈이 침침하다는 봉장 주는 여왕벌 찾기에 시간이 점점 더 길어진다. 벌통 뚜껑을 열면 한눈에 찾을 수 있게 여왕벌 날개에 화이트를 칠해 두었다. 며칠째 날개에 하얀색을 칠한 여왕벌을 찾아도 보이지 않는다고 한다. 부지런한 벌들이 본능으로 여왕 날개에 묻은 이물질을 열심히 제거한 결과다.

봉장 가는 산길엔 보라 꽃이 한창이다. 마을 어귀부터 키도 크고 잎사귀도 큼직한 오동나무가 한창 꽃을 피운다. 작은 종같이 생긴 예쁜 보라색 꽃이 다닥다닥 피어있다. 파란 들판과 푸른 하늘 밑 보랏빛 꽃은 모양도, 향기도 은은해 사람도, 벌도 모두가 좋아한다. 봉장을 이사하면서 제일 먼저 여름꽃인 바이오 텍스 나무를 심었다. 잡풀 속에서 뿌리를 튼튼히 내린 바이오 텍스는 한껏 몸집을 키우더니 작은 꽃송이들이 활짝 피었다. 목 백일홍처럼 피고 지고를 거듭하니 농장울타리 밑에도 보랏빛이 그득하다. 칡꽃도 덩달아 들썩이며 피어나니 산속엔 은은한 꽃향기가 넘친다. 초대하지 않은 땡삐, 호박벌, 말벌까지 꽃밭을 찾아 윙윙거리는 소리가 요란하다.

내게도 날개를 달고 날아오르고 싶었던 때가 있었다. 스무 살에 시작한 공직생활이 십 년을 넘기고 사 년이 막 지날 무렵이다. 시부모님이 계신 서울 동작구 상도동 집에 아이 셋을 맡기고 우리 부부는 수원서 살았다. 일주일에 한 번씩 아이들을 보러 다녔다. 네 살, 여섯 살, 여덟 살, 아이들은 늘 엄마를 그리워했고, 나 또한 아이들과 헤어질 때마다 발걸음이 떨어지질 않았다. 수원 집으로 돌아올 때면 상도동 좁은 골목길에 눈물도 많이 흘렸다. 고민 끝에 큰 딸아이 입학식 전날에 사표를 냈다. 몇 년만 더 버티면 연금을 탈 수 있다는 내게 남편은 욕심내지 말고 아이들이나 잘 키우라한다. 몸은 힘들고 지쳤으면서도 직장이란 날개가 꺾인 탓에 자존감도 사라지고, 매사에 의욕도 없고, 매일매일 다시 출근하는 꿈만 꾸었다.

아이들을 내 손으로 키우면 날개 달린 천사 어미가 될 줄 알았다. 정작 마음만 급했지 무엇을 어떻게 먼저 가르쳐야 할지 잘 알지 못했다. 그저 아이들에게 먹이고, 입히는 것이 바빠 허둥거리며 잔소리만 소나기 퍼붓듯 내뱉었다. 공부해라, 뭐해라, 왜 그렇게 못하냐, 그 시절 시간을 폴짝폴짝 뛰어 십 년 앞으로 달려가고 싶었다.

한바탕 회오리바람일 듯 세월이 흘렀다. 아이들도 제 둥지를 찾아 일찌감치 다 떠났다. 남편이 외아들이라 자주 찾아뵈어야 했던 시부모님, 쌓였던 가정 일들, 그 시간이 내게도 있었나 새삼스럽다. 텅 빈 거실에서 잉여 인간이라는 생각이 들었다. 한창 취미에 빠진 남편 바짓가랑이라도 붙

잡고 싶었다. 탁구, 볼링, 수영, 골프 온몸을 움직이며 전부 다 기웃거려 보았으나 몸만 삐걱거렸다. 내 인생의 날개를 다시 한번 달아보고파 이곳저곳을 기웃거리다 우연히 백화점 문화센터에서 글쓰기를 만났다.

  날개 접힌 여왕이 죽듯, 날개 없는 여왕도 의미가 없다. 남편은 퇴직 후 양봉업이란 날개를 달고 하루하루가 즐겁다. 춘천으로 청춘열차를 타고 오가며 벌을 돌보며 노년을 즐긴다.

  나도 등단 10여 년 만에 김홍신 문학관에서 "나의 수필 이야기"란 주제로 리더스 에세이 심포지엄 발표자로 나서기도 했다. 운동으로는 절대 날아오를 수 없었던 지난 날이다. 글쓰기는 내게 날개가 되어 인생 2막을 위해 다시 날아오를 수 있는 용기와 힘을 준다.

생존이냐 공생이냐

　가을 늦더위가 기승을 부린다. 벌초 갔던 사람들이 말벌에 쏘였다는 뉴스가 들려올 때쯤 봉장은 말벌과의 전쟁이 시작된다. 말벌의 '말'은 크다 의 접두사다. 말벌 종류는 크게 말벌, 땅벌, 쌍살벌, 세 가지로 나눈다. 그중 몸집이 가장 큰 장수말벌은 어른 새끼손가락만 하다. 이들 모두 야생에서 자손을 이어가기에 동이 트면 곧바로 일을 시작한다.
　이곳 강원도 산속에는 양봉장들이 많다. 현지 양봉가는 해뜨기 시작부터 하루 평균 100여 마리의 말벌을 잡는다. 그만큼 말벌 출몰은 양봉업자들의 걱정거리다. 부천서 출, 퇴근하는 우리는 봉장이 있는 강원도까지 오가는 시간이 늘 바쁘다. 기차 시간에 맞춰 한, 두 시간 겨우 말벌을 잡을 수 있다. 벌이라면 기겁하던 나도 벌 치기 곁에서 5년 내공을 쌓으니 벌의 윙윙대는 날갯소리도 정겹다. 벌은,방충복만 잘 챙겨입고 벌 양식인 꿀을 빼앗기 전에는 상대방을 공격하지 않는다.

일주일에 두, 세 번 가는 봉장이지만 벌통을 보살피는 일은 남편 담당이다. 도움이 될 일을 찾다 말벌 잡기에 나섰다.

말벌은 몸집이 일반 벌보다 1.5배로 큰 벌이기에 주변을 꼼꼼하게 살피면 금방 찾아낼 수가 있다. 빠른 몸놀림에 눈과 귀가 조금은 혼란스럽다. 오늘도 날개 소리가 유난해 자세히 살펴보니 말벌이 봉장 벌 한 마리를 낚아채 입에 물고 빠르게 날고 있다. 매미채를 찾아 허둥대며 휘둘러 보지만 말벌이 '나 잡아 봐라' 나를 놀리듯 뱅글뱅글 눈앞으로 획 날아간다. 바로 앞에서 벌을 빼앗기니 약이 바짝 오르지만 둔감한 몸매가 도움이 되지 않았다.

운동신경이 남다른 남편은 말벌 킬러다. 한 치 오차도 없이 지척에 있는 말벌은 배드민턴 채로 바로 내리쳐 잡고, 도망가는 것도 빠르게 뛰어가 매미 채를 휘둘러 한 방에 잡는다. 그리고는 말벌을 집게로 집어 온몸에 농약을 바르고 날려 보낸다. 제집으로 간 말벌 가족의 일망타진을 바라는 마음이다. 산속이라 말벌 출몰이 많은 이곳에서는 한 마리씩 잡는 것보다 대량유인하는 방법을 궁리하느라 인터넷을 열심히 뒤졌다.

1.8 *l* 짜리 빈 물통 서, 너 개를 마련했다. 집에서 담근 매실액을 반 통 채우고 포도 껍질을 그 위에 덮어 두었다. 며칠 지나니 통속에는 말벌들이 가득 빠져있다. 달콤함에 유혹당하면 사람도 곤충도 빠져나오기 힘든 것은 마찬가지다. 끈끈한 매실액에 날개가 젖어 허우적대며 날아보려 하지만 움직이면 움직일수록 끈끈한 수렁으로 더 깊이 빠져든다. 혹시 우리 벌이 그곳에 빠지면 어쩌냐는 내 걱정에 남편은 자신보다 몸집이 큰 말벌이 모여있는 곳에는 작은 벌은 절대 들어가질 않는다 한다.

꿀벌은 왁스 성분인 밀랍을 분비해 집을 짓지만, 말벌은 나무껍질 같은 목재 성분을 갉아 침을 섞어 집을 만든다. 말벌집은 거친 종이 같다. 둥그런 겉껍질을 벗겨내면 그 속은 아파트처럼 여러 층으로 정교하게 지어져 있다. 도심 속 말벌은 전봇대에 붙은 전단도 잘게 갉아 집 짓는 재료로 사용한다. 말벌집을 자세히 살펴볼 수 있었던 것은 양봉하기 전 말벌집을 채취하러 다닌 남편 덕분이다.

말벌에는 신경전달물질인 히스타민이나 세로토닌과 포스포리파아제, 히알루노니다이제 같은 효소로 이루어져 있다. 벌 독은 그 자체보다 독성분에 강한 인체는 알레르기 반응을 보인다. 아세틸콜린이 많이 들어있는 장수말벌은

'만디라톡신'이라는 독은 사람의 근육을 움직이게 하는 신경계 작용을 멈추게 한다. 독성 강한 말벌집은 채취와 동시에 커다란 비닐봉지 채로 감싸 냉동실에 바로 넣어 두어야 한다. 꽁꽁 언 말벌집을 꺼내 보면 외면이 거칠거칠하고 농구공같이 생긴 것이 겉 껍질은 잡으면 바로 부스러진다. 그 속은 제빵기술자가 만든 2단, 3단 케이크 같다. 육각형 집에 칸칸이 말벌 유충이 빼곡히 차 있다. 이것을 집게로 하나하나 빼어내어 술로 담거나 볶아먹으면 자양 강장제로 쓰인다.

말벌집은 노봉 방으로 불리는 한국전통 민간 약재다. 유충은 볶아서 먹고 말벌집은 가루로 내어 꿀과 섞어 복용한다. 몸에 힘이 얼마나 더 솟구치는지는 모르겠지만 초근목피로 생활하던 옛 조상님들의 단백질 보충제로 쓰였을 것이다. 라오스 여행 중 시장에서 쥐 파는 것을 보았다. 관광객들은 질겁을 하지만 그것 또한 단백질 보충제라 하니 생존의 법칙 앞에서는 어느 먹거리도 시시비비를 따질 사항이 아니다.

말벌은 10월 하순이 지나면 수컷은 죽고 모두 뿔뿔이 흩어지고 빈집만 남는다. 교미를 마친 여왕벌은 혼자 땅속이나 나무 틈에서 겨울을 난다. 이듬해 봄 여왕벌은 작은 집을 홀로 짓고 알 몇 개를 낳는다. 여기서 태어난 일벌들이 힘을 합쳐 더 큰 집을 짓고 다시 알을 낳아 식구 수를 대거 늘린다. 말벌 몸통 끝에 있는 독침은 원래는 알을 낳는 산란관이었으나 독침으로 진화됐다. 꿀벌은 침을 한번 쏘면 내장이 빠져나가 죽지만 말벌은 주삿바늘처럼 찔렀다 뺐다를 반복으로 할 수 있다. 말벌의 독은 사람마다 차이가 있어 한방만 쏘여도 생명이 위험한 사람이 있는가 하면 극소수의 사람은 쏘여도 조금 붓고 2~3일 안에 치유되기도 하는데 그중 한 사람이 남편이다.

말벌은 자신의 집이 공격당했을 때 가장 흥분한다. 명절 때 사람들이 벌초하다 말벌집을 건드리면 그들은 목숨을 두려워하지 않고 맞서 싸운다. 성충말벌은 나무 수액이나 과일즙, 화밀 같은 식물성 영양분을 섭취하며 생명을 유지한다. 애벌레에게는 나방과 나비를 비롯해 매미, 잠자리, 꿀벌, 등을 닥치는 대로 공격해서는 강한 턱으로 머리와 꼬리를 떼고 가운데 몸통만 짓이겨 동그랗게 경단을 만들어 새끼한테 먹인다. 말벌도 알고 보면 제 새끼를 위해 양질의 단백질을 구하러 온 새끼를 키우는 모정이다.

말벌 정찰병 한 마리가 봉장을 찾았다. 그리고는 몇 분 이내에 동료 3~4마리를 대동하고 다시 찾아왔다. 말벌 서너 마리는 벌통 하나를 한 시간 안에 3분의 2 이상을 망가트린다. 대책 없이 당하기만 하는 벌들이지만 때로는 벌통 앞에

생존이냐 공생이냐

말벌이 죽어있는 모습을 볼 수 있다. 일벌은 위급사항을 알리기 위해 자신의 몸에서 페로몬을 퍼트려 동료를 부른다. 떼로 몰려나온 벌은 말벌 한 마리를 에워싸고 뜨거운 열기로 사력을 다해 대응하지만 수많은 벌의 희생이 뒤따른다. 벌통 앞에 벌의 사체가 그득하다. 최고의 말벌 퇴치방법은 봄에 홀로 알을 낳고 가족 수를 늘리기 전, 여왕 말벌을 잡는 것이 가을 말벌 수천 마리를 잡는 것과 같다. 양봉가에게는 최대의 적이지만 곤충계는 최고의 포식자 말벌이 있어야만 생태계 유지가 균형을 이룬다. 이래저래 말벌도 양봉벌도 함께 공생하는 것만이 서로 살아남는 길이다.

달콤 쌉쌀 이야기

 인생에서 달콤했던 순간은 언제였을까? 첫 번째, 기억 속 달콤함은 어렴풋한 기억 속 어머니 품속에서 잠들었을 때이다. 두 번째, 달콤함은 남편을 만났던 신혼 시절이다. 수원 가는 길목 율전 기찻길 옆, 작은 방에 좁은 부엌 하나가 우리의 보금자리였다. 부부가 함께 직장을 다닐 때다 보니 먼저 퇴근한 사람이 방에 불을 켜놓고 내가 먼저 왔노라 신호로 알렸다. 전철에서 내리면 바로 바라보이던 우리 집. 노란 형광등이 켜져 있는 날은 집으로 향하는 발걸음이 빨라졌고, 얼굴엔 안도의 웃음꽃이 피어났다. 김치찌개 하나만 있어도 꿀맛이던 그 시절. 남편이 조금 늦는 날은 주발에 밥을 퍼서 아랫목에 묻어두었다. 뱃속에서는 연신 꼬르륵 신호음이 들려와도 님과 함께하고픈 마음에 한참이나 지난 밥때도, 식어버린 반찬도 마냥 달콤하기만 했다.

검불만 보이던 산속에 여기저기 파란 새싹들이 올라왔다. 광대나물, 개불알풀꽃을 선두로 민들레, 씀바귀도 피었다. 누런 덤불 속에서 얼레지꽃이 얼굴을 내민다. 이곳 산속은 아침 해가 들기 전에는 4월인데도 날씨가 차다. 밤새 오므리고 있다 활짝 꽃잎을 펼치는 얼레지꽃은 한낮이 되면 꽃잎이 뒤로 젖혀진다. 잎 모양이 노루의 귀를 닮은 노루귀꽃도 이때쯤이면 산속에서 볼 수 있다. 굴봉산 자락에 피는 야생화들은 작고 앙증스러워 벌이 제일 먼저 달려가 노닌다. 농장 건너편 산엔 온통 다래 순이 가득하다. 봄이면 옛 추억이 그리워 찾아오는 6, 70대들을 자주 본다. 다래 순 맛을 아는 그들은 빈 배낭을 메고 도시락을 싸 들고 와서는 온종일, 이 나물, 저 나물을 찾아 산속을 헤매며 내려올 때는 하나같이 등짐이 두둑하다.

아직은 산속에 눈에 보이는 것이 별로 없어도 벌들은 봄 화분을 물어오기 시작했다. 흰색, 노란색, 까만색이 주 종류다. 참나무 잎이 나고 기다란 꽃술이 나오면 화분 색은 바로 푸르딩딩한 색으로 바뀐다. 연두색도 아니고 약간 푸른 빛이 감도는 참나무 화분이다. 참나무 화분은 색과 달리 의외로 부드럽고 달콤하다. 뒤를 이어 피는 꽃이 다래꽃이다. 다래 화분은 다른 화분과 달리 색이 희고 푸석푸석 습기가 많다. 바로 건조기에 말리던가 햇볕에 말려야만 한다. 그렇지 않으면 습기에 눌러 뭉그러져 떡이 되어 상품 가치가 없다. 한 열흘 반짝 나오고 사라지는 다래 화분은 대량 채취가 이곳에서는 불가능하다.

봄철 아카시꽃이 피기 전에 가장 먼저 채취하는 것이 야생화꿀이다. 이곳은 민가가 없는 산속이다 보니 온갖 꽃에서 모아온 종합 꿀인 셈이다. 그래서인지 꿀에서 고운 향기도 나고, 혀끝을 톡 쏘는 알싸함도 들어있다. 얄팍한 달콤함이 아닌 깊고 풍부함이 들어있는 맛, 한번 먹어본 사람은 이 맛이 빠져 다시 찾는다.

시중에 많이 나와 있는 것도 아카시 꿀이다. 무슨 꿀이든, 꿀은 수분함량에 따라 상품이 결정된다. 아카시 꿀은 수분이 대략 19~20%이다 보니 다른 꿀에 비해 묽다. 한 수저 떠 올리면 후루룩한 느낌이 들 때도 있다. 경기도 일대는 온통 아카시꽃이 다 피고 졌다. 꽃잎이 바닥에 떨어져 흩어져도 이곳 백양리 굴봉산 자락엔 아카시 꽃이 필 기미가 없다. 그래도 첫 야생화를 채취하고 난 후, 대략 일주일에서 열흘 안에 아카시 꿀을 뜬다. 부지런한 벌이 4Km 이상을 날아가 아카시아 꿀을 따러 이쪽, 저쪽, 골짜기를 찾아 헤맨다.

양봉은 하늘이 도와줘야 하는 사업이다. 꽃도 날씨에 따리 많이 피고 향내도 날씨가 좌우한다. 유난히 꽃 내음이 코끝을 스치는 해가 있다. 재작년이 그런 해였다. 해거리를 하나 올해는 아카시 철에 비가 내렸다. 이곳은 다른 곳보다 계절이 보름가량 늦다. 강원도 화학산에 때아닌 5월에 눈이 내려 아카시 꽃이 얼어 피해를 입었다. 당연히 벌 숫자가 적은 우리 봉장의 꿀도 영 신통치 않다. 아카시 꿀을 선호하는 사람은 음식에는 오로지 아카시 꿀을 넣어야 좋다 한다. 그런가 하면 몸, 특히 위장에 좋다는 밤꿀 또한 찾는 이가 따로 있다. 산속에서 늦게 딴 아카시 꿀은 다른 야생화 꿀이 조금 섞여 빛깔이 하얗지는 않아도 농도가 17%다. 소량이었지만 수분함량이 좋아 봉장 주는 은근히 당신의 기술이 늘어 좋은 꿀이 나왔다며 함박웃음을 짓는다.

 밤꽃을 따기 전에 다시 한번 야생화 꿀을 떴다. 이번 꿀은 옻나무 꿀이다. 주변에 옻나무가 많아 이웃 봉장에서는 꿀양이 많다 하나 우린 겨우 열병을 채웠다. 색이 짙은 만큼 약효도 뛰어난 옻나무 꿀이다. 야생화 꿀이라도 계절의 흐름에 따라 맛과 색이 조금씩 다르다. 맨 처음 뜨는 야생화 꿀이 알싸함의 극치라면, 두 번째 따는 야생화는 한약을 넣어 만든 것 같은 맛이다. 동의보감에 나온 옻나무 효능은 소화 개선이나 항부종 작용, 피부병 완화다. 벌들이 옻나무에서 물어온 색은 밤색보다는 색이 짙다. 예전에 어머니가 옥수수로 조청을 만들었을 때처럼 끈적하다. 알싸함은 없어도 쌉쌀 달콤하며 수분함량도 16%로 매우 양호하다. 가뭄에만 나오는 감로 꿀은 아주 새까맣다. 달콤함의 극치인 꿀도 지역과 사람에 따라 약간의 차이가 있다.

김포에서 시작한 양봉업이 7년이 되었다. 이곳 백양리 산속으로 옮긴 지도 3년이 넘었다. 공영방송 EBS에 출연한 이후 남편은 꿀에 대한 자부심이 대단하다. 진정한 꿀은 벌과 그 벌을 기른 사람과 꽃이 만들어내는 천상의 조화다. 펜대만 굴리던 고지식한 사람이 만들어낸 꿀이라 그런지 주변에서 입소문도 났다. 친정 식구는 물론, 지인들이 주 고객이다. 미리 선약받은 곳이 자꾸만 늘어나는데 꿀이 없어 따기가 무섭게 이리저리 나누기도 바쁘다. 지역별로 헛개나무 꿀, 밤나무 꿀, 오가피나무 꿀, 별별 꿀 이름에 가격도 천차만별이다. 이곳 산속에서 나오는 꿀은 일벌이 물어오는 있는 그대로를 만들어내는 정직한 꿀이다.

인류도 멸망하는가

　　연일 방송에서는 꿀벌이 사라졌다는 소식이 들려온다. 다행히 봉장이 있는 백양리는 겹겹이 산으로 둘러 쌓인 골짜기라 그런지 아직까지는 피해가 없다. 되레 김포농장보다 개체 수도 늘었다. 산골 추위를 막기 위해 겹겹의 보온을 해준 것이 효과적이다. 꿀벌이 사라지는 것은 명확한 이유는 밝히지 못했지만 서식지 파괴, 기후변화, 과다 농약 살포, 환경오염 등의 복합적 작용이 아닐까 추측하는 환경단체의 보고서이다.

　　지구상에서 절대 사라져서는 안될 5종으로 꿀벌, 플랑크톤, 박쥐, 균류, 영장류를 뽑은 세계 과학자들이다. 이중 1위로 뽑힌 것이 꿀벌이다. 지구에서 꿀벌이 사라지면 4년 안에 인류도 사라진다는 말이 국제 과학계에서 돌았다. 꿀벌의 중요역할은 수술의 꽃가루를 암술머리에 옮기는 '꽃가루받이'다. 대부분 식물은 꽃가루받이를 통해 열매와 씨를 맺어 자손을 퍼뜨린다. 세계 식량의 90%를 차지하는 100종의 주요 농작물 중 수박, 호박, 양파, 아몬드, 사과등 71종이 꿀벌의 꽃가루받이로 생산되고 있다고 한다. -조선일보 발췌-

 신문과 방송에서는 연일 러시아와 우크라이나의 전쟁 소식을 다룬다. 러시아 침공 이후 우크라이나 학교 400여곳 병원 110여개, 주거지 100여 동이 파괴됐고 민간인 1만명 이상이 죽거나 다쳤다. 전쟁 망상이 빚은 참극이다. 살아있는 것은 다 행복해야 하지만 전쟁은 인간의 탐욕이 빚어낸 결과물이다. 역사 속의 전쟁도 대부분 인간의 탐욕으로 벌어진 일이다. 2020년 밀레니엄 시대에 죄 없는 민간인들이 총, 쇠, 균 앞에 쓰러진다. 인간 세상도 어느 지역에 어느 선조를 만나느냐에 따라 존엄한 생명도 무의미하게 쓰러진다.

 벌들의 수명은 대략 40일이지만 겨울을 나는 벌은 움직임이 덜해 새로운 벌들이 탄생 되기까지 종족보존의 이유로 수명이 4개월이다. 봄 벌을 깨우고 나면 여왕벌은 벌들의 움직임에 따라 산란을 시작한다. 40여 일간 새로 알에서 깨어난 다음 세대 벌들이 봄 꿀을 수집해 오는 일꾼이 된다. 가을 벌들은 겨울을 나고 여왕이 알을 까면 그들이 자라날 때까지 돌보기를 끝내고 나면 그들의 임무도, 수명도 끝난다. 벌통 앞에는 수명을 다한 벌들이 사체가 그득하다. 가끔 몸이 잘린 벌의 사체가 보이는데 들쥐들이 벌의 몸통만 잘라 먹고 갈 때 그렇다.

  꿀벌이 없으면 농작물을 40%가 사라진다. 꿀벌이 사라지면 4년 안에 인류도 멸종한다고 아인슈타인이 일찌기 예언했다. 우리가 기르는 농작물의 3분의 1은 곤충의 꽃가루받이를 통해 열매를 맺는다. 그중 80%가 꿀벌이 담당한다. 벌은 전 세계적으로 약 2만 종이 서식한다. 그중 인간의 혀에 황홀함을 선사는 꿀벌은 아피스속의 10여 종이다. 한반도에서는 2000년 전부터 토종벌을 길렀고 100년 서양 벌도 수입해 꿀을 얻고 있다. 꽃이 피면 꿀벌은 최대 4Km까지 날아가 꿀을 딴다. 벌들의 고단함에 기대어 인간은 풍성한 식탁을 누려 왔다. 양봉업계가 비상이다. 올겨울 경남, 전남 일대에서 겨울을 나던 꿀벌 수십만 마리가 사라졌다. 바이러스, 농약, 기상악화, 살충제, 전자파 등 여러가지 가능성으로 조사 중이다.

  어쩌면 인간의 욕심으로 빚은 환경 재앙일 가능성도 있다.

벌의 제왕 여왕만들기

여왕벌은 처음부터 여왕만을 위한 집이 따로 있다. 이것을 왕대라 하는데 그곳은 영양이 풍부한 왕유만을 받아먹고 자란다. 일벌들은 모두가 알을 낳을 수 있는 암벌들이지만 여왕벌이 내뿜는 페로몬이라는 강력한 향으로 일벌들을 누르고 다스린다. 이 때문에 벌들은 본능적 감각을 잃게 되고 평생 일 만하는 벌로 살게 된다. 간혹 특별한 경우가 있긴 하다. 여왕이 집을 나가 들어오지 않을 때나, 위급상황이 발생해 알을 낳지 못하게 될 때는 일벌들은 본능을 회복해 알을 낳기도 한다. 이런 상황을 동봉산란이라 칭한다. 그 알은 무정란이 되어 제 구실을 못한다. 이유는 전부 수벌이고 수명도 짧아 벌통 하나가 폐사되어 없어지기도 한다.

양봉은 오, 뉴월이 가장 바쁘다. 들판의 민들레, 냉이, 씀바귀, 매실, 꽃밭을 연신 들락거리던 벌들이 첫 야생화 꿀을 선사해 주었다. 그것을 시작으로 아카시아, 야생화, 밤꿀을 15일 간격으로 곧바로 다시 받아낼 수가 있다. 벌들의 활동량도 이때가 최고조여서 각자 역할분담이 바쁘다. 여왕벌은 혼례 치를 준비에 몸단장이 바쁘고, 수벌은 오로지 여왕과 교미할 생각만으로 몸을 다지며 근육을 키운다. 힘세고 강한 자만이 차지할 수 있는 여왕벌이다. 일벌들은 교미 나간 여왕벌 맞이하기, 태어날 아기들을 위해 집안 대청소 등 할 일이 많다. 봄꽃이 필 때 일조량이 좋으면 만개한 꽃만큼 활짝 웃을 수 있는 양봉 농가다. 올해처럼 꽃필 시기에 비가 오고 흐린 날이 많을 때는 양봉인들은 누구라 할 것 없이 모두가 노심초사다.

여왕벌 만드는 일은 양봉업 중 아주 중요한 일이다. 양봉 첫해 남편은 여왕 만드는 기술이 미숙해 여왕벌을 근처 봉장에서 사다 사용했다. 벌 선생 (먼저 양봉을 시작해 경험이 풍부한)을 열심히 쫓아다니며 실력을 익힌 남편이 작년부터 여왕벌 만들기 계획을 세웠다. 열심히 배웠지만, 여왕벌 10마리 중 2개를 부화시켰다. 처음 하는 일치고는 만족할만한 수준이다. 벌들이 추대해 만들어내는 자연적인 여왕만으로는 양봉 사업이 번창할 수가 없다. 사업의 성패가

걸린 여왕벌 만들기다. 거듭된 연습으로 올해는 여왕벌 성공률이 10개를 만들면 7개를 성공시켰다. 슬금슬금 늘어난 벌통이 이제는 30통이다.

왕안 이라고 불리는 손톱만큼 작은 플라스틱 용기에 미리 벌통에서 채취한 로열젤리를 바르고 그 안에 유충을 넣어 3일 반나절을 키우면 유충이 눈꼽 만큼 자란다. 그것이 예비 여왕이다. 이것을 다시 보름간 키우면 여왕벌이 된다. 새로운 벌통 안에 새 여왕을 넣어주고 열심히 보살폈다. 성숙해진 여왕은 열심히 몸을 가꾸더니 결혼비행을 다녀온다. 교미가 끝난 여왕벌은 다른 곳으로 도망가지 못하게 날개를 잘라 주었다. 첫 번 여왕 만들기에 성공한 봉장 주는 그 흥분을 감추지 못하고 미리 날개를 잘라버렸다.

젊은 시절, 나도 일벌 신세였다. 페르몬 향은 없어도 까칠하고 권위적인 남편을 만나 날고 싶어도 날개를 제대로 펼치지도 못했다. 퇴직할 때까지도 깐깐하고 꼿꼿하던 성격의 남편이 양봉업을 하면서 많이 변했다. 새로 시작된 인생 2막에 감사하며 매일 신바람 나게 봉장을 드나든다. 자연을 벗하고 벌을 키우니 집에서 기다리는 나에게도 감사할 줄도 아는 남편이 되었다. 요즈음은 부지런한 일벌이 되어 열심을 봉장을 오가며 여왕 눈치도 살핀다. 여왕벌이 된 나는 사소한 일에도 발끈 큰소리를 내며 젊은 시절 남편처럼 날 선 모습을 흉내 내어 본다. 신왕에서 태어난 벌들은 새 소비에 가득 유충을 채울 수가 없다. 벌 세력을 강성으로 길러야만 다음 해 꿀을 딸 수 있는 벌통이 된다.

　애써 모아둔 꿀이 혹시라도 밖으로 흐를까 부지런한 벌들은 밀납으로 벌집위를 꽁꽁 봉해 놓았다. 꿀은 밀납을 칼로 벗겨내야만 나온다. 일벌들의 배 아래에 있는 분비선에서 분비된 밀납은 고래 머리 안에 들어있는 경뇌유와 성질이 같아 상온에서 굳는다. 이 고체 지방 덩이는 열에 약해 온도가 62°-63°만 넘으면 바로 녹는다. 미리 준비한 야외용 가스 불에 냄비를 올려놓고 칼 세 개를 넣었다. 뜨거운 물에서 막 꺼낸 칼로 밀랍을 한 번에 싹 베어야 한다. 주춤거리다가는 뜨거운 물에 달구어진 칼이 바로 식어버린다. 칼을 수시로 바꿔 쥐며 손목에 적당한 힘을 가하며 옆으로 쭉 밀어냈다. 힘 분배가 제대로 안되면 꿀이 들어있는 소비와 벌집이 움푹 패 인다. 망가진 벌집은 일꾼 벌들이 며칠 새 다시 복구해 놓는다. 재 사용을 해야 할 소비가 망가지면 남편 잔소리가 바로 이어진다.

　작년까지만 해도 힘 조절을 못해 삐뚤삐뚤 여러 장의 소비를 망가트렸다. 칼자루를 쥔 손은 여전히 떨린다. 적당히 손목에 힘을 주며 누르니 밀랍이 싹 베어졌다. 잘 숙성된 누런 꿀이 줄줄 흐른다.

잠시 비닐하우스에서 휴식을 취하려는데 벌 한 마리가 끝까지 따라왔다. 보초병이 제 양식을 빼앗아간 사람을 찾아 끝까지 따라온 모양이다. 손을 내 저으며 옷을 벗는 순간 귓볼이 따끔하다. 하필 귓속으로 들어갔다. 다급한 마음에 머리에 썼던 모자와 안경부터 벗었다. 귓속에서 윙윙대는 벌 소리에 놀라 얼굴을 세차게 흔들며 남편을 불렀다. 남편이 씀바귀 한 움큼을 뜯어와 쏘인 부위에 응급 처치를 했다. 결혼 초 신랑, 각시 역할이 서투르듯 양봉 첫해인 올해는 모든 것이 허술하다. 벌 쏘인 부위에 질경이 즙을 바르면 낫는다는 잘못된 정보를 믿었다. 오른쪽 눈 밑 얼굴 부위를 쏘였다. 민간요법만 믿다 벌 독이 목을 타고 돌아 왼편 얼굴까지 부었다. 경험상 벌에 목과 머리가 쏘였을 때는 빨리 병원을 찾아야 한다. 씀바귀 즙은 정말 효과가 있었다. 흰 즙이 나오는 씀바귀즙 같은 것은 급할 때 꼭 활용해 보길 권한다. 진정한 여왕벌이 되려면 벌 독 퇴치방법도 익혀두어야 했다.

분양

아들이 원룸으로 이사했다. 결혼 전에 혼인신고부터 하더니 신혼부부 무주택에 당첨되었다. 집 걱정은 안 해도 되었지만 분양된 아파트에 들어가기까지 임시거주지가 필요했다. 한창 젊은이들 사이에 '영 끌로 내 집 사기'가 유행처럼 번졌다. 이에 젊은이들이 은행 대출로 내 집들을 사들인다. 공급보다 실수요자가 많아지자 아파트 전세금이 천정부지로 올랐다.

대도시에서 지방에 이르기까지 작은 원룸 하나도 역세권은 몇억씩 불렀다. 아들의 아파트 입주 시기가 다가오니 이제는 깡통 전세금 소식이다. 입주 날짜를 맞추고 다시 전세금을 돌려받으려니 급한 대로 월세로 다시 한, 두 달을 더 살아야 할 판이다. 내 집에 입주하기까지 소소한 사연도 많다. 뉴스에서는 LH공사서 지은 집들이 철근이 덜 들어갔다는 부실공사 소식이 들려온다. 사람과 달리 벌들은 한 치 오차 없는 치밀한 건축기법이다.

　벌의 세계에서도 분양은 중요하다. 봄부터 여름까지 분양이 이어지나 새봄이 시작되는 따뜻한 계절이 분양받기 제일 좋은 계절이다. 요즘처럼 더운 날이 계속되면 사람도 벌도 활동반경이 좁아져 스트레스를 받는다. 벌통 안이 비좁아지면 벌도 식솔을 이끌고 새 터전을 찾는다. 벌들이 다른 곳,나뭇가지나, 다른 봉장에 이주하지 못하게 일찌감치 빈 통에 여왕벌로 태어날 왕대를 붙이고 새로운 벌통을 만들어 두었다. 일벌들의 수명은 이 개월 남짓이다.

　지난 해 김포농장서 함께 이사 온 벌들이 올봄에 모두 폐사되었다. 기후 탓도 있지만, 벌에 기생하는 진드기를 세심하게 대처하지 못한 탓이 크다. 올봄 이웃 봉장에서 벌 여덟 통을 사 와 다시 양봉을 시작했다. 꿀을 따오는 벌들은 꼭 겨울을 이겨낸 벌의 후손이어야 한다.

　며칠 전에는 벌을 사기 위해 양평까지 다녀 왔다. 양평서 사 온 처녀 벌 열 마리는 더 튼실한 종자를 만들고픈 생각에서다. 인간세계에서도 친족간의 근친혼은 약한 유전자와 각종 유전병으로 금지하고 있다. 겨울, 봄에 걸쳐 60여 통의 벌을 모두 폐사시킨 경험이 있는 우리는 강한 벌을 키우기 위해 수시로 노력한다. 진드기약도 뿌려주고 영양제도 주며 최악의 상황에 대비하고 있다. 다행히 양평서 사 온 처녀 벌 열 마리 중 여덟 마리가 새 식구를 거느리게 되었다. 새로운 보금자리인 강원도 백양리 산골서 태어난 여왕은 짝짓기도 무사히 치르고 많은 자손(알)을 낳아 벌통 수를 늘리는 데 기여를 잘했다.

벌통이 여덟 통에서 40여 통으로 늘어났다. 그래도 꿀을 따올 수 있는 벌은 여덟 통뿐이다. 평생 꿀 한 수저를 따고 죽음을 맞는 일벌들이다. 새로 태어난 벌들에겐 아직 노동(꿀을 따러 가는)을 시키지 않고 영양제와 떡밥으로 벌통 수 늘리는 것만 공을 들였다. 덕분에 올해는 꿀이 귀하다. 미리 주문받은 50여 병만 간신히 채워주고 식구들이 먹을 꿀도 빠듯하였다. 다행히 올해는 밭농사가 풍년이다.

이곳 봉장은 일층과 이 층처럼 지대가 높고 낮은 곳이 있다. 1층은 벌통이 놓여있고 지대가 높은 2층엔 농작물이 자란다. 백양리 산골짜기에도 어김없이 불볕더위가 찾아들었다.

장마에 불어난 도랑물이 졸졸 소리를 내며 더위를 달래주지만, 컨테이너 온도는 늘 30도가 넘는다. 벌통들이 쪼르륵 줄 맞춰 놓여있는 1층에 봉장 바닥에 지하수 물을 수시로 뿌리며 온도를 낮춰 주었다. 지대가 높은 2층은 농장이다. 봉장 위쪽에 밭이 있으니 곡물들의 수정은 걱정할 필요가 없다.

3월 하순에 심은 감자가 파랗게 순을 올리더니 보라색, 흰색으로 감자꽃이 만발했다. 꽃을 따라 벌, 나비가 오가더니 싱싱하던 감자순이 7월 초가 되니 숨뿌리가 다 되었는지 누렇게 시들었다. 장마가 시작되기 전 서둘러 감자를 캤다. 대여섯 고랑 밭에서 감자 두 가마니를 캤으니 감자가 무드럭지다. 감자를 캐던 날은 알뜰하게 다 잘 캔 것 같은데 장맛비에 허연 감자가 여기저기 나 뒹군다. 얼른 바구니에 주워 담으니 감자가 그것도 못 찾으면 어떡하냐 나무라는 것 같다.

밭 가장자리에는 바이텍스 나무가 있다. 봉장 부지를 산 그해 심었으니 삼 년이 넘었다. 바이텍스 나무가 가지를 넓게 펼치며 영역을 넓힌다. 바이텍스는 순비기나무로도 불린다. 백일홍 나무처럼 6월부터 10월까지 무려 5개월간 꽃이 피고 진다. 허브처럼 향도 나고 부인병 질환에 좋은 약재로도 사용한다.

수수꽃다리가 미국으로 넘어가 이름이 라일락으로 바뀌 돌아온 나무라면, 바이텍스는 미국에서 한국으로 귀화한 식물이다. 꿀도 화분도 많아 아낌없이 내주는 나무다.

오늘도 밭에서 따온 오이로 오이소박이를 한 통 담갔다.

분양　87

결혼해 분가한 아들, 딸에게 전부 분양해줄 참이다. 바이텍스는 연보라색 꽃으로 꽃말이 기다림이다. 작은 꽃송이들이 가지 끝까지 대롱대롱 매달려 바람에 아늘거린다. 멀리서 바라보면 텃밭은 보라색 일색이다.

 길게 쭉쭉 뻗어 늘씬하게 잘 달리던 오이가 장마철이 지나고 나니 허리가 꼬부라들고 못난이가 되었다. 물이 부족해서인가 싶어 열심히 물도 뿌려 본다. 얼마 전, 수필 반 문우로부터 오이가 꼬부라드는 이유를 전해 듣게 되었다. 조금 더 자세히 알고 싶어 자료를 찾아보았다. 오이도 암, 수꽃이 있어 수정이 이루어지지 않도록 수꽃을 수시로 따주어야 했다. 오이가 수정이 되면 과실 끝부분만 양분이 축적되어 비대해지고 다른 한쪽은 꼬부라든다. 물 부족, 영양상태가 좋지 않아도 그렇게 된다. 자연의 조화는 인간 힘으로 해결할 수 없는 오묘함이 들어있다.

 장마가 끝나니 풀들이 검세졌다. 무성한 풀밭에서 연한 비름나물을 발견했다. 잎만 한 자루 훑어 형제자매들에게 나눠주었다. 입추가 가까워지니 한 층 더 높아진 하늘에 고추잠자리가 춤을 춘다. 8월 하순이면 김장거리를 심어야 한다. 작년처럼 청정지역에서 키운 무, 배추를 나눠 먹을 생각에 벌써 마음이 바쁘다. 정작 농장에서 채소를 심고 가꾸는 남편은 퉁명스레 한마디 한다.

'심고 가꾸면 뭐해 다 퍼 줄 텐데…'
 그래도 나는 누구부터 분양해주어야 하나 벌써 고민 중이다.

3- 자극사양

-참나무와 소나무만 보여 꿀이 있을지 걱정이 앞섰지만 공기 좋고 물이 맑은 탓인가, 일벌들이 물어온 꿀이 예상 밖으로 풍작이었다.-

자극사양

자극 사양으로 일벌이 일을 하면 여왕벌은 그들이 양식을 가지고 들어오는 것으로 착각하고 바로 알을 낳기 시작한다.

　벌판의 바람이 차다. 남쪽 지방 매화는 산청, 구례를 시작으로 피기 시작했다. 김포농장 매실나무는 나뭇가지에 꽃몽우리만 봉긋하니 달려 꽃필 날을 기다리고 있다.
　코로나19 팬데믹(pandemic)으로 거리 두기와 마스크 착용이 필수가 된 요즈음이다. 모든 것이 불편해지고 정지된 지금, 꽃이 피는 자연 섭리는 그 누구도 막지 못한다. 햇살 좋고 바람 좋은 날엔 벌도 사람도 끌리는 상대를 찾기 위해 부지런히 움직인다.
　농장 끝에는 작은 컨테이너가 하나 있다. 한 무리 벌떼들이 컨테이너 앞쪽으로 며칠째 날아다닌다. 꽃이 어디 피려나, 꿀이 어디 있을까 염탐하기 위한 정찰대다. 새까맣게 무리져 나갔다가 어김없이 다시 제집을 찾아오는 벌이다.

인터넷 발달로 생산자와 소비자가 직거래를 통해 좋은 물건들을 사고 팔 수 있는 세상이 되었다.

 벌들도 정보 수집을 위해서라면 인간보다 더 민첩하게 대응한다. 코로나 피해는 사회 곳곳에 있다. 그중 불편한 것이 사람과 사람의 만남이다. 5인 이상은 모일 수가 없으니 사회생활을 중심으로 하는 인간 세상에서 함께 할 수 없다는 것이 답답한 노릇이다. 설령 사람을 만나도 마스크를 쓰고 있어 상대방 표정을 읽을 수 없다. 나이가 들면 감성도 메마르는데 요즈음 같이 만남이 뜸해지면 감성이 아예 사라질까 두렵다. 벌들은 날개와 춤과 있어 그들이 하는 언어 행위에 제약이 없다. 꼬리 흔들기, 엉덩이춤, 날갯짓으로 자신이 알아 온 정보를 맘껏 교환한다.

 봄이 오면 양봉 농가는 벌통을 재점검한다. 계획적이고 경험 많은 양봉인은 겨울에 온도, 습도, 병균 방지 등, 철저한 관리를 통해 특별한 피해 없이 봄을 맞는다. 반면 초보 양봉인은 겨울 벌 관리가 서툴러 벌이 동사하거나 병충해를 입는다. 이런 이유로 봄이 되면 새로 벌을 구입하여야 한다. 벌통 하나에 삼십여 만원이 넘으니 그 지출도 무시할 수 없다.

 꽃이 없는 이른 봄에 적당한 당분을 벌에게 공급해 주는 것이 자극 사양이다. 매사에 치밀한 벌의 습성이지만 판단 착오를 일으키는 경우가 딱 한번 있는데 이런 때다. 자극 사양으로 일벌이 일을 하면 여왕벌은 그들이 양식을 가지고 들어오는 것으로 착각하고 바로 알을 낳기 시작한다. 자극 사양은 벌 농가에서 개체수를 늘리는 방법으로 사용하나 너무 일찍 시행하거나 지나치게 자주 하면 독이 된다. 날씨가 추울 때 자극 사양을 하면 벌은 설사병에 걸리고 이후 다른 병까지 생겨 폐사에 이르기도 한다.

어릴 적 고향 포천은 산간벽지라 지역출신 인재들이 책을 많이 기증해주었다. 책을 가득 실은 트럭이 운동장에 뽀얀 흙먼지를 일으키며 들어오면 우리들은 일제히 창문을 열었다. 모두가 일어나 손을 흔들며 환호성을 질렀다. 성공한 선배님들과 지역 국회의원이 기증해 준 책은 학교 도서실에 빽빽이 꽂혀 다양한 책들을 맘껏 골라 볼 수 있었다. 아이들에게 꿈을 키워주는 책 기증은 사람에게는 가장 효율적인 자극사양이었다.

사람 사는 세상 뒷골목에는 노숙자들이 상주한다. 그들은 사연이야 어찌되었던 한 끼 먹고, 자고 단순한 일상만 신경 쓴다. 부지런함의 대명사 벌에게는 놀고먹는 게으름이란 있을 수 없다. 오히려 너무 열심히 일을 해 평균 수명인 40여일을 채우지 못하고 빨리 죽는 경우가 허다하다.

평생 동안 여왕을 받드는 일벌이지만 여왕벌이 알 낳는 것을 게을리 하거나 병약해 지면 냉혹하리만치 발 빠르게 대처한다. 늙은 여왕대신 젊은(신왕)왕을 만들어 세대교체를 준비한다. 여왕을 만들기 위해서는 고농축 영양제인 로열젤리만 먹인다.

왕의 왕대는 어른 새끼손가락 두 마디 정도로 일벌 유충의 집과는 현저하게 크기가 다르기 때문에 구별이 가능하다. 신왕의 왕대를 잘라 그 속에 여왕이 될 유충을 빼내고 채취하는 것이 로열젤리다. 로열젤리는 벌에게도 사람에게도 필요한 고농축 영양제이지만 워낙 소량이어서 희소가치가 높다.

꽃들이 본격적으로 피어나기 시작하고 먹이가 풍부한 3월 말부터는 여왕벌은 부지런히 알을 낳는다. 젊은 일꾼들이 많아야 꿀도 화분도 많이 들어오니 양봉가 일거리도 늘어난다. 농작물은 농사꾼의 발걸음 소리를 듣고 매일 자란다. 농장의 벌들도 봉장주 걸음 소리를 들으며 매일 소통도 한다. 벌통을 수시로 열고 들여다보며 잘 잤냐, 잘 지내고 있어 등등 애정을 쏟는다.

벌통 속에는 한 마리의 여왕벌과 2,3만 마리의 일벌들이 들어있다. 꼬물꼬물 모여 있는 벌 중에 여왕을 한눈에 찾아내기가 어려운가보다. 남편은 아직도 여왕 찾는 기술이 부족하다고 생각한다.

  4월이면 개체수가 늘어 벌통 안의 구조는 위, 아래 층으로 나뉜다. 중간에 각목판(격왕관)을 끼워 아래 칸은 여왕벌이 알 낳는 공간으로 사용하고, 윗 칸은 벌 양식 꿀을 저장하는 곳으로 사용한다. 이 시기에 여왕벌은 일 년 중 최고로 많은 알을 깐다. 벌 숫자가 많아야만 양봉가 수입에도 도움이 된다.

  갓 태어난 젊은 벌들의 몸에서 분비되는 고농축젤리(로열 젤리)도 나오는 기간이 있다. 그들은 18일 동안 실내에서 여왕이 낳은 알들을 돌보고 로열 젤리도 먹으며 방 청소와 유충 보모노릇을 한다. 이후 바깥세상으로 나와 꿀과 화분을 모아오는 일벌로서의 야외 활동이 시작된다.

  우리나라 국토에서 제일 많이 피어나는 꽃이 아카시다. 아카시 꽃이 필 무렵 벌 숫자를 많이 늘리는 것이 양봉인의 최고기술이다.

  벌의 생태를 알면 알수록 살아가는 지혜를 얻는다. 벌도 인간이 도와주어야 개체수를 늘릴 수 있고, 인간도 벌로 인해 유익한 꿀과 화분, 프로폴리스, 로열 젤리, 등 유익한 먹거리를 얻을 수 있으니 벌과 사람과의 관계는 함께 사는 세상이다.

사라진 벌을 찾아라

차가 의암댐을 지났다.

산구비를 돌아서니 삼악산 끝자락이 나왔다. 춘천댐을 지나 산골짜기를 다시 달리니 주변 산들이 포근하게 감싸 안은 마을이 나왔다. 4륜 차가 엔진 소릴 크게 내며 가파른 언덕을 치고 오른다. 높은 산밑에 봉장이 바로 보였다. 기상이변으로 벌들이 사라지거나 몰살되었다는 소식이 신문 방송에서 연일 들려온다. 이곳 벌들은 별 피해 없이 겨울을 잘 견뎠나 보다. 이곳에 온 이유는 벌통을 사기 위해서다. 주위를 둘러보니 이제 막 피어난 도장 나무꽃에 벌 날개소리가 붕붕 들려온다.

근처 작은 연못에서는 개구리 울음소리도 요란하다. 후세를 남기기 위해 짝 찾기 파티가 한바탕 열리고 있는 중이다.

 김포에서 처음 양봉을 시작했을 때는 벌통 다섯 개로 출발했다. 한해 한해 정성들여 키운 벌이 새끼를 치고 늘리면서 남편은 오 년 동안 벌통 수를 30통으로 늘렸다.

 지난 해 봄 이곳 춘천시 남산면 백양리로 봉장을 옮기며 걱정이 많았다. 김포 들판에는 벼, 들깨, 참깨, 옥수수 등 곡식도 많았다. 근처에는 아카시, 밤나무숲도 있어 걱정할 일이 없었다. 이곳은 마을에서 한참 떨어진 산속이다. 참나무와 소나무만 보여 꿀이 있을지 걱정이 앞섰지만 공기 좋고 물이 맑은 탓인가 산골짜기를 누비며 다닌 일벌들이 물어 온 꿀이 예상 밖으로 풍작이었다.

 양봉장을 하면서 처음으로 250병의 꿀을 수확했으니 그간 투자한 돈을 조금이나마 만회할 수 있었다. 벌 숫자도 왕성하게 늘어나 일 년 사이에 벌통이 60통이 되었다. 이상기후로 소나무 재선충이 많이 생겨 산림청에서 전국 산야에 농약을 살포해 벌이 사라졌다는 소식도 들려왔다. 이사 온 첫 해 꿀 대박을 터트렸으니 우리하곤 상관없는 일이라 여겼다.

 늦가을인데도 벌 세력이 왕성하다. 벌통을 열면 새까맣게 뭉치듯 몰려있는 벌들의 날개소리가 우렁차다. 매일 청춘열차를 타고 백양리로 출근하는 남편이 시월 하순부터 벌이 날지 않고 땅에서 기어 다니는 것이 보인다며 고개를 갸우뚱한다. 그간 경험으로 말린 귤껍질을 잘게 빻아 훈연기에 넣고 훈풍을 하니 벌 해충인 응애가 대 여섯 마리 씩 떨어져 나왔다.

무슨 이유였을까 갑자기 벌 숫자가 감소 되면서 세력이 약해지기 시작했다. 벌통을 열어보면 종이컵으로 다섯 컵 정도의 벌 사체들이 수두룩하게 나왔다. 벌의 상태가 계속 심상치 않더니 벌통이 점점 줄어든다. 밀원이 없는 11월부터는 벌도 월동에 들어가야 한다. 벌의 평균 수명은 2개월이지만 겨울을 나는 벌은 대략 4개월이다. 겨울엔 벌통 안에서 웅크리고 최소한의 먹이와 움직임으로 추위를 견뎌야 봄 벌을 준비할 수 있다.

기상이변으로 11월인데도 날씨가 따뜻해 벌들이 밖으로 나와 돌아다닌다. 벌이 움직이면 여왕은 봄이 온 줄 알고 본능에 의해 알을 낳기 시작한다. 겨울에 알을 낳으면 온도가 낮아 제대로 키울 수가 없다. 벌들이 점점 숫자가 줄어 벌통이 텅 비기 시작했다. 60통이던 벌이 50통으로 줄더니, 다시 40에서 30으로 결국 다 죽고 한 통만 달랑 남았다.

남편이 내뱉는 한숨 소리가 깊다. 6년 동안 열심히 벌을 돌보고 저녁엔 동영상과 책을 보며 실력을 쌓아 방송에도 소개되고 주변 사람들에게 양봉 이론과 실무를 가르쳐 주

사라진 벌을 찾아라

기도 했다. 양봉 실력자란 지인들의 칭송에 제자도 서너 명 생겨났다. 지극 정성으로 돌보던 벌이 하루아침에 다 죽어 버리니 남들에게 말도 못 하고 끙끙 앓는 소릴 낸다. 몇 날 며칠 속을 끓이던 남편이 이번엔 감기까지 걸렸다. 코로나가 성행했을 때도 한 번도 걸리지 않던 감기다. 벌이 다 죽어 밥맛조차 없다며 음식도 거부한다.

벌을 찾아 이리저리 연락을 취해 보았으나 인근 봉장에는 벌이 모두 죽어 없다 한다. 지인의 소개로 어렵게 강원도 춘천댐 윗마을에 사는 양봉인을 소개받았다. 그는 양봉을 시작 한지 오래되지는 않았다 한다.

어찌 된 영문인지 그 집 벌들은 모두 무사히 겨울을 잘 넘겨 벌통에 벌이 그득하다. 벌꿀을 팔아 수익을 내는 것보다 벌통을 팔아 생긴 수입이 몇 배나 된다고 자랑한다. 요즈음은 경상도, 전라도, 전국각지에서 벌을 사겠다는 주문이 줄줄이 밀려있다 하여 봉장을 둘러보니 어림잡아도 백 오십 통 정도는 남아 있었다. 공급보다 수여가 많으니 벌통값이 배로 뛰었다. 주인이 부르는 게 값이었다.

벌 한 통에 이십 오만 원 하던 것이 사십에서 다시 오십으로 뛰었다. 겨울에 벌을 잘 살려 낸 봉장 주 경험담을 듣기 위해 귀를 기울였다. 그 집 주인도 은퇴하고 무작정 벌통부터 사 왔다 했다. 한 해, 두 해, 수익은 없고 실패만 보았다.

실패가 거듭되면서 삼 년 되던 해부터는 실패 경험을 되살리니 나름대로 실전 전략을 터득하게 되었다 했다. 남편은 이론을 충분히 익힌 후 봉장 일을 시작해서인지 육 년 동안 한 번의 실패도 없었다. 강원도 양구에서는 양봉 농가에 일률적으로 나누어준 연막기로 훈연한 양봉가에서는 벌들이 다 죽었다. 그 집은 이론보다 본인이 실전에서 터득한 천연 약품인 개미산을 봄, 가을로 쳐주었더니 살아남았다는 이야기다.

남편이 퇴직 후 제일 잘하는 것은 벌 키우기와 식빵 만들기다. 제빵학원을 6개월을 다녀 익힌 빵 솜씨는 아침마다 우리 식탁에 오른다. 빵은 용량과 비율을 일정하게 넣어야만 제대로 된 식빵이 나온다. 벌 키우기는 정확한 이론을 익힌 대로 한 것이 실패의 원인이라면 원인이다. 젊어서부터 건강을 위해 이것저것 영양제를 챙겨 먹는 사람이 노후에도 건강관리가 잘 된다.

환갑이 지나도록 체력 하나만 믿고 앞만 보고 달리던 나도 작년에 건강에 이상이 왔었다. 한동안 휴식과 체력보강에 신경 쓰며 몸에 좋은 것을 챙겨 먹으니 다시 기력을 회복할 수 있었다. 사람만 영양제를 먹는 줄 알았는데 벌도 영양제를 먹여야 한다는 것을 처음 알게 되었다. 우린 공장에서 나오는 화분 떡만 사용하였는데 이곳 봉장 주는 면역

력에 좋은 약과 홍삼 등, 사람 몸에도 좋은 영양소가 듬뿍 든 떡밥을 수제로 만들어 먹였다니 생각이 앞서가는 사람이었다.

기어 다니는 벌이 생기면 바로 친환경 제품인 개미산을 독하게 뿌려 방역을 하여야 하고, 영양제를 먹여 강한 벌을 만들어야 한다는 논리다. 무조건 벌통 수를 늘리는 것이 목적이었던 우리는 그 봉장에서 얻은 정보가 새삼스럽다. 곤충도 사람도 자연현상을 천천히 순리대로 받아들이는 자세가 중요함을 깨닫는다.

실패를 경험한 사람만이 성공을 이룰 수 있듯이 실패 원인을 이제야 알게되었다며 담담하게 받아들이는 남편이다. 열통의 벌을 사 빈 봉장에 옮겨다 놓았다.

봄볕에 벌들이 나와 다시 춤을 춘다.

이충

 봉장 울타리엔 칡넝쿨들이 나뭇가지를 휘감으며 기세를 올린다. 울타리 곁에 심어놓은 호박도 순을 뻗어 제 영토 확장을 위해 힘쓴다. 벌통이 놓여있는 평평한 터에는 비닐로 천정을 씌우고 검은 천으로 덮어놓으니 햇빛 가리개가 되었다. 전라도, 경상도 지방의 벌들이 많이 괴사하면서 벌통 가격이 껑충 뛰었다. 꿀을 뜨고 난 후부터는 벌통 숫자를 늘리는 일에 주력했다.
 여왕벌을 많이 만들어야 벌들의 숫자도 늘어난다. 자연적으로 생기는 여왕벌만 기다리다 보면 효율성이 떨어진다. 인위적 방법(이충)으로 여왕 숫자를 늘리고 벌통 수도 늘려나간다. 이충의 적합한 시기는 벌통에 숫 벌이 돌아다니는 것이 보일 때이고, 꿀이 조금 들어오고 화분도 조금 들어올 때가 적기이다. 밀봉이 안 된 벌집을 들여다보면 육각형 모양에 반짝이는 액체가 보인다. 이것이 꿀이고, 하얀 우유 색깔에 초승달 모양같이 들어있는 것이 벌 유충이다. 왕대는 특별한 공간에 벌들이 저장하는 여왕벌의 보육실이자 평생 먹이를 보관하는 곳이다.

이충을 하기 위해서는 왕대 틀이 필요하다. 노란 플라스틱으로 생긴 틀에 엄지손톱만큼 작은 양주잔과 같이 생긴 통이 쪼르륵 매달려 있다. 이곳에 미리 준비한 로열젤리를 침봉에 조금 묻혀 다시 바른다. 어린 유충을 침봉으로 살짝 떠 잔 속에 칸칸이 넣어준다. 대량으로 벌을 키우는 양봉가에서는 이런 방법으로 로열젤리만 생산하기도 한다.

얼마 전 작고한 영국의 엘리자베스 2세 여왕도 기력회복제로 로열젤리를 복용하였다 한다. 작은 잔 속에 손톱만큼 들어있는 로열젤리를 모아 병으로 한 병을 채워야 하니 귀한 만큼 가격도 효능도 단연 높다.

이충 하는 날은 아침부터 부산 한다. 물, 이충 침. 유충판, 후레쉬. 왕대 틀, 왕대에서 따 모아놓은 로열젤리를 식탁 위에 펼쳐놓고 의사처럼 신중하게 작업을 시작한다. 이마에 후레쉬를 차고 한땀 한땀 투박한 손이 움직인다. 자칫 유충이 상처 입을까 조심한다. 양봉 육 년 차로 들어선 봉장 주의 이충 확률은 80% 이상이다.

봄이 되면 여왕벌을 사 온다. 건강한 여왕벌도 작은 종이

상자에 담겨 택배로 오다 보면 현지에 적응을 못 해 죽는 경우도 다반사다. 남편에게 양봉을 배운 지인도 여왕벌을 열 마리 사 왔으나 예민해진 벌들은 그다음 날 모두 죽었다.

30통이던 벌통들이 이충 작업 성공으로 60통으로 늘어났다. 겨울을 지내려면 강한 벌로 키우는 작업이 시작된다. 세력이 왕성한 것들은 빈약한 다른 통으로 합하여 벌통을 줄이며 세력을 키운다.

어릴 적에는 시골 동네에는 한집에 아이들이 6, 7명은 되었다. 비슷비슷한 또래가 많으니 줄지어 동창도 많다. 풍족한 살림은 아니어도 언니, 오빠가 줄줄이 많으니 괜히 으쓱거리며 큰소리도 칠 수 있었다. 지금도 고향 친구들을 만나면 언니 오빠 동생들의 안부도 묻고 알려주게 된다. 요즈음 젊은이들은 결혼해도 아이를 안 낳고 둘만의 시간을 중요시한다. 반면 아이가 안 생겨 노심초사하는 집은 의학 기술에 기대를 건다. 인공수정으로 아이를 낳는 집들이 많아 아파트 단지에서도 쌍둥이를 태운 유모차가 제법 보인다.

추석 차례를 서둘러 지내고 결혼한 아들 내외와 함께 부모님 산소가 있는 포천으로 향했다. 예전에는 8남매 자손들이 산소에 모두 모여 두줄, 세 줄씩 북적이며 순서를 기다려 절을 해야 했다. 이제는 아이들이 전부 다 출가해 오빠와 남동생만 추석 성묘를 했다. 올해는 식구들이 많이 참석해 모처럼 반가운 인사가 오갔다. 알록달록 한복을 챙겨 입은 쌍둥이 등장이다. 아기가 없던 장조카가 인공수정으로 얻은 귀둥이다. 늦장가를 간 언니네 아들도 인공수정으로 손주를 보았다. 자연환경의 생태파괴는 벌이 사라지면 사람도 다음 대를 위한 인구가 줄어든다. 벌들도 자연 분봉보다 인공 분봉이 튼실한 벌을 만들어 내는 시대가 되었다.

일주일에 세 번 남편을 따라 봉장을 오간다. 송내역에서 전철을 타고 용산역서 춘천행 ITX 열차를 타고 가평역서 내린다. 그리곤 춘천 가는 전철을 타고 한 정거장을 더 가면 도착지 굴봉산역이다. 역에는 미리 가져다 놓은 애마 자전거가 나를 기다린다.

처음에는 건강상 이유로 휴양차 남편 손에 이끌려 다녔지만, 이제는 내가 먼저 길을 나선다. 한적한 시골길을 십여 분 오르다 보면 오디, 산딸기, 자연이 내밀어 주는 간식에 잃었던 식욕이 일어난다. 햇살 내리쬐던 여름이 지나니 길옆 코스모스는 하늘거리고 옥빛 하늘엔 층층 구름이 정겹다.

용산역에서 기차를 기다리고 있는데 안내방송이 나온다. 춘천행 기차가 한 시간 연착이라 한다. 앞만 보고 달리는 열차는 구불구불 산길과 터널 속을 헤치며 다닌다. 어두운

터널을 빠져나오면 푸른 들판과 북한강 강물이 보인다.
 기차 연착이유는 삶의 터널을 빠져나오지 못한 젊은 사람이 달리는 열차에 뛰어들었기 때문이란다. 태어남은 부모님이 주신 축복이요, 죽음 또한 천수를 누리고 가는 것도 아쉬운데 목숨을 스스로 끊은 사람은 무슨 사정이 있었을까 안타까운 마음을 강물에 흘려보내 본다. 인공위성이 우주를 향해 날아가고, 벌도 사람도 이층과 인공수정으로 튼실한 대를 이어가는 요즈음이다.

봉구가 풀리다

 11월 초인데 날씨가 갑자기 영하로 떨어졌다. 급히 텃밭에 배추를 뽑고 김장을 서두른다. 이곳은 이미 겨울이다.

 십여 년 전 친정 식구들과 서유럽여행을 갔을 때 일이다. 인천공항으로 가는 길은 10월 말인데도 나뭇잎이 다 떨어져 가지만 앙상했다. 목적지 파리에 도착하니 그곳은 이제 막 가을이 온 듯 나무들이 천천히 계절 색을 바꾸고 있었다. 떼제베를 타고 바라본 풍경은 울긋불긋 늦가을 정취를 맘껏 즐길 수 있었다.

 10여 년이 지난 지금, 지구 온난화로 11월인데도 나뭇잎들이 그대로 매달려 있다. 기온도 별 차이가 없어서 그런지 아직 단풍도 들지 않았고, 계속된 가을 가뭄에 나무잎이 바삭 말라붙었다.

벌은 영상 8도만 되면 겨울이라도 밖으로 나온다. 겨울을 나는 벌은 통속에서 추위를 견디기 위해 자기들끼리 날개를 맞대고 서로 몸을 의지한다. 벌이 벌통 소비 안에서 둥그렇게 모여있는 그 모습을 봉구라 한다.

포천의 겨울은 바람 소리부터 다르다. 얼마나 추운지 문풍지도, 길가 전깃줄도 윙윙 울며 추위에 운다. 찬바람에 귀가 떨어져 나갈 것 같아 손으로 귀를 감싸고 다녔다. 외출에서 돌아오면 손과 발은 얼음같이 차갑고 신경이 마비된 듯 감각도 없다. 바람 속을 걸으면 두 볼은 항상 빨갛게 부푼다. 방안에 앉아 있어도 콧등이 시리다.

아버지는 연신 부엌에서 장작불을 지피고 어머니는 가마솥에서 펄펄 끓는 물을 대야에 담아 방안에 들여놓았다. 방안에 더운 김이라도 퍼지면 추위가 좀 가셔질까 싶어서다. 아이들은 화롯가에 둘러 앉아 열 손가락을 펼쳐 들고 불을 쬔다. 활활 타오른 장작불이 구들장을 뜨겁게 만들지만 아랫목 장판은 늘 시꺼멓게 눌어붙어 쭈글쭈글 하지만 그 자리엔 밍크 담요가 깔려있다. 언 발을 녹이려 다리를 집어넣으면 그제야 발가락에 박힌 얼음이 녹아 근질근질 내 손길을 부른다.

외출에서 돌아오는 사람 순서대로 벌처럼 빙글빙글 우리는 봉구를 틀곤 했다.

봉구가 풀리다

날씨가 오락가락 다시 추워졌다. 벌통을 열어보니 소비 안에서 벌들이 다시 둥글게 봉구를 틀었다. 어린 시절 추위를 이겨낼 수 있었던 것도 형제,자매가 어깨를 맞대고 손도, 다리도 나란히 펼쳐가며 서로를 의지했기 때문일 것이다.

동장군이 며칠 몰려오는가 했더니 12월인데도 봄 날씨처럼 포근하다. 삼한 사온이던 한반도의 온도가 완전히 바뀌었나 보다. 얼었던 땅이 다 녹아 강원도 밭에 냉이가 파릇하다. 한 소쿠리 캐내 된장국을 끓이니 추위에 움츠렸던 입맛이 다시 살아났나 입안 가득 냉이 향이 그윽하다.

따뜻한 날씨에 벌통을 열어보니 봉구가 풀렸다. 지금 같은 겨울철 봉구가 풀렸다는 것은 그리 좋은 현상이 아니다. 벌의 수명은 대략 2개월이지만 겨울철만은 특별하다. 11월, 12월, 1월 벌통에서 미세한 움직임만으로 3~4개월 생존할 수 있다. 밖으로 나오거나 미리 몸을 움직여 에너지를 소비하면 정작 꿀을 따올 철에는 제 몫을 못 하고 명을 다한다.

올 크리스마스이브에는 눈이 펑펑 쏟아졌다. 발목까지 쌓인 눈을 나도 모처럼 본다. 눈 내리는 아침 새벽같이 남편이 길을 나선다. 봉장에 눈이 많이 쌓여 비닐하우스가 무너지지 않을까, 봉장 지붕을 바치고 있는 철제가 눈 무게를 못 이겨 무너지지 않을까 걱정 근심도 많은 남편이다.

오늘은 나도 청춘열차를 탔다. 벌도 벌이지만 눈 덮인 강변 정취가 보고 싶어서다. 굴봉산역서 내리니 이곳은 눈이 더 많이 내렸다. 발목까지 푹푹 빠진다. 제대로 된 겨울 정취다. 눈길에 뽀드득뽀드득 발소리를 내며 걸으니 옛일이 주마등같이 떠 오른다.

"당신 나랑 40년 넘게 살면서, 내게 몇 번이나 버럭 질 한 줄 알기나 해?"

새하얀 눈길에서 나도 모르게 말투가 곱지 않게 튀어나온다. 눈치 빠른 남편이 단박에 알아듣고 한 번도 없었다며 능친다. 가슴에 손을 얹고 생각해 보라 하니,

"당신은 집을 열두 천 번도 더 나갔어." 그가 받아친다

그의 대꾸에 피식 웃음이 난다. 생각해 보니 딱 두 번 있긴 있다. 한번은 식탁에서 밥을 먹다 벌어졌고, 또 한번은 시댁에 갔다 오다 판이 커졌다. 제주도 출장길에 사 온 옥돔을 튀기라 했는데 쪄서 올렸다는 이유와 사소한 말에 감정이 틀어졌었다.

그의 불같던 성격도 벌을 키우면서 아주 부드러워졌다.

젊은 시절에는 타오르는 열정에 봉구를 트는 것도 모자라 온종일 떨어지기 싫을 때도 있었다. 결혼생활 40여 년에

각자의 방에서 따로따로 봉구를 풀어도 한집에 같이 건강하게 살고 있다는 것으로도 감사하다. 각자의 삶을 인정하고 내려놓으니 이젠 싸울 것도 화낼 일도 드물다.

농장을 마련하면서 친구의 남편도 우리 봉장 근처에 땅을 샀다. 그도 노후에 벌을 키우고 싶어 했다. 시내에서 자영업을 하는 그가 공기 좋은 그곳이 좋은지 몇 번 농장을 오가더니 봉장 옆에 산을 만 평이나 샀다. 이곳은 민가와 많이 떨어져 있어 봄, 가을에는 나물을 채취하러 오는 사람들만 간간이 지나다닌다.

요즈음 같은 겨울철에는 지나는 사람이 없어 남편과 친구 남편은 서로 허물없는 친구 사이로 변했다. 벌이 어깨를 맞대고 봉구를 틀듯 서로에게 의지하며 지낸다. 벌 키우는 기술도 공유하고 우리 밭에 있는 컨테이너에서 집에서 싸 간 도시락도 함께 먹곤했다. 같은 지역에 살면서 각자 전철을 타고 매일 봉장을 가니 정도 많이 들었다. 낯선 정류장서 그를 만나면 무척이나 반갑다는 남편이다. 매일 누가 더 열심히 벌을 키우나 경쟁하듯 서로의 봉장을 오갔다.

새해 벽두부터 청천벽력같은 소식이 들려왔다. 친구 남편이 갑자기 건강에 이상이 생겼다. 급히 대학병원을 연결해 검사하니 신장암이다. 신장 한쪽은 떼어냈으나 암세포가 폐로 전이되어 항암치료를 해야 한다는 소식이다. 매일 남편과 봉장에서 만나던 그가 갑자기 투병 생활에 들어갔다. 남편은 한쪽 날개를 잃은 듯 마음 아파한다. 그 사람이 키우던 벌통까지 매일 관리하면서 그가 다시 봉장으로 돌아오길 기도한다.

 알 수 없는 것도 사람의 명이다.

 사람도 벌도 춥고 힘들 때 서로에게 의지하며 봉구를 틀 건만, 봉구가 풀린 벌은 다시 추워진 날씨 탓에 밖으로 나왔다가는 대다수 집으로 돌아가지 못한다.

 벌통 입구에서 비틀대는 벌을 손으로 주워 호 하고 입김을 불어 벌통에 넣어주는 남편이다. 하루빨리 친구 남편의 쾌유를 빌어 본다.

탈출소동

　친정 언니네 김포 밭은 천 평이다. 모두가 직장에 다니고 주말에만 모여 하는 농사초보들이다 보니 친정 식구 여섯 팀이 다 모여도 넓은 땅이 늘 버겁다. 농사지을 수 있는 밭 오백 평을 이웃농부아저씨께 부탁하고, 나머지 오백 평에는 백여 그루의 매실 나무와 배나무를 심었다. 봄이면 이곳 김포 밭도 매화꽃을 선두로 배꽃이 하얗게 핀다. 뽀송한 핑크빛의 매화 꽃 봉오리는 겨우내 어두웠던 세상을 밝혀주는 등불같다. 매화에 뒤이어 피는 배꽃 향기를 따라 어디선가 벌과 날비가 날아든다. 배꽃은 밤에 보아야 더욱 더 신비스럽다. 배꽃 정취를 즐기기 위해 달 밝은 날 식구들이 함께 김포 농장을 찾아 낭만을 즐기기도 했다. 꽃향기에 취한 이유 때문인가 남편은 이때부터 벌을 키워보리란 생각을 했는지도 모른다.

처음 몇 해는 식구들이 모두 모여 열심히 배나무와 매실나무를 돌보았다. 가지치기도 해 주고 꽃도 일일이 따 주었다. 작은 배가 달리면 봉지를 일일이 씌워주며 가을이 오길 기다렸다. 어쩐 일인지 배는 크기도 전에 해충을 이기지 못하고 뚝뚝 떨어져 썩고 상했다. 나중에 알고 보니 배나무는 대량의 농약을 수시로 살포해야만 거둘 수 있는 과일이었다. 결국 배나무는 봄날 하얗게 피는 꽃만 감상할 수 있었고 해충에 시달린 열매는 바닥에서 퇴비로만 뒹굴었다.

반면 매실나무는 농약살포도 많이 안해도 해충에 강해 잘 자라났다. 매실나무를 심고 서 너 해가 지나니 드디어 매실이 나뭇가지에 휘어지게 많이 달렸다.

올해는 4월 말인데도 기온이 최저로 내려가 다른 지역 꽃이 냉해를 입었다는 소식이다. 특히 아카시 꽃이 필 무렵 아침저녁으로 날씨가 춥고 흐린 날이 많아 꿀 농사는 흉작이라 했다. 이곳 김포 벌판에 있는 봉장은 매실나무와 배나무에 꽃이 많이 피었다. 밭 가운데 봉장이 있어서인지 별 피해가 없다. 인근엔 아카시 야산도 있어 밀원이 풍부하다. 양봉 농가 대부분이 아카시 꿀을 수확하지 못한 것에 비해 우리는 벌통 열 개에서 아카시 꿀을 40병이나 얻었으니 근처 양봉인의 부러움을 샀다.

오늘은 친정 식구 모두 모여 매실을 수확하는 날이다. 한 사람, 한사람 자루를 하나씩 들고 매실 밭으로 들어갔다. 매실을 따는 방법도 각자의 성격대로다. 성질이 꼼꼼한 언니와 여동생은 크고 실한 것만 골라 하나씩 따 자루에 담는다. 욕심 많은 나와 남편은 장대를 들고 매실 밭 한가운데로 들어갔다. 열매가 제일 많이 달린 가지가 늘어진 나무를 골랐다. 준비해간 기다란 장대로 매실 나뭇가지를 후려치니 매실이 후드득 비처럼 떨어졌다. 어깨, 머리, 온몸에 떨어지는 매실비를 맞으며 부지런히 주워 담으니 순식간에 한 자루 가득 채웠다. 금방 뚝딱 자루를 채워 나오는 우리 부부를 보며 아직 반자루도 못채운 언니들이 혀를 내두른다. 밭주인 언니는 나무가 부러지면 불쌍하다며 넘 세게 나무를 내려치지말라 당부한다. 나뭇가지가 부러지면 다음해를 기약 할 수 없단다. 땅바닥에 우리부부가 장대로 내리쳐 떨어진 매실이 수두룩하다. 사실 매실 나무는 한해 지나면 가지를 잘라내야 한다. 새로운 가지에서 더 많은 과실이 달리니 나무에는 별다른 손실이 없다. 좋은 매실은 과육이 한창 파랗고 치아로 깨물어 보았을 때 단단해야 좋은 매실이다. 그 시기를 잘 택해야 좋은 엑기스로 만들 수 있다. 잠시 잠깐 시기를 놓치면 금방 누렇게 색이 변하고 과육이 물러진다. 탱글탱글 잘 여물었을 때 따서 담그는 매실 엑기스는 구연산과 펙틴이 들어 있어 위장 기능을 좋게 해 주고 장내 유해균을 억제해준다. 그래서인지 예부터 소화제로 사용해왔다. 특히 한여름 무더위에 얼음동동 띄운 매실차 한 잔은 무더위를 싹 가시게 해 준다. 그때 밭에서 넉넉히 주워 담근 매실주는 베란다에서 제일 큰 항아리에 가득 담겨 아직도 숙성중이다.

  어느 해 해외여행을 다녀와 매실 따는 시기를 놓쳤다. 매실 밭에는 누렇게 익어 떨어진 황매실들이 고운 행기를 풍기며 주인을 원망했다. 아쉬운 마음에 그것을 주워 황매실주를 담갔다. 그 술은 빛과 향에 취해서 익기도 전에 홀짝홀짝 마셨다. 식구들이 따낸 매실 자루들이 열 댓 자루 쌓였다. 긴 옷과 긴바지로 온 몸을 잘 가렸어도 까슬한 매실털이 살갗에 닿았다. 얼굴과 팔소매 끝이 근질근질하다.
  갑자기 저쪽에서 여동생이 다급한 소리를 지르며 봉장주인을 찾았다. 멀리서 바라보니 매실나무 가지 위해 커다란 축구공같이 생긴 것이 매달려 있었다. 가까이 다가가 살피니 매실나무 가지를 타고 새까맣게 매달린 벌들이다. 분봉이다. 분봉은 구왕만이 할 수 있는 일이다. 벌통에서 신왕으로 태어날 여왕벌들 확인한 구왕은 며칠 전부터 주인에게 집이 덥고 좁아 탈출할 신호를 보내지만 그걸 미처 알아

채지 못한 주인이다. 벌집 가까지에 사람들을 내치고 남편이 빈 벌통 하나를 들고 왔다. 사다리를 타고 성큼 매실나무에 올라가 가지를 한 번에 강하게 밑으로 내리치니 뭉쳐 있던 벌들이 벌통 안으로 뚝 떨어졌다. 사람의 사랑과 관심이 있어야만 하는 양봉 사업이다.

 시월 말 시어머님의 상을 당해 매일 가던 봉장을 며칠 돌보지 못했다. 그랬더니 벌들이 집단 가출을 감행한 것이다. 다행이 멀리 가지 않고 매실 밭에 있어 데리고 돌아올 수 있었다. 사람도, 벌도, 한번 가출을 한 사람은 다음 가출을 도모하기도 한다. 양봉 사업은 벌통을 수시로 열어 확인하여야만 오늘 같은 탈출소동을 미리 막을 수 있다.

분 분 분 분
향기芬, 똥糞, 날아오를翂, 흙 부풀어 오를賁

 아파트 단지 내 소나무가 쌓인 눈을 못 이겨 가지가 부러졌다. 그런 날이면 벌이 있는 춘천시 남산면 백양리로 달려간다. 산등성이에 잔설이 남아 있는데도 올해는 벌을 일찌감치 깨웠다. 이유는 작년에 벌을 늦게 깨워서 벌 숫자가 적어 꿀 양도 적었다. 양봉업자들은 꿀이 최고로 많은 아카시꽃이 필 때를 잘 맞춰 일꾼 벌 숫자를 최대치로 만들어야 한다. 그 시기를 조금 놓치면 자연 꿀도 적게 나온다. 겨울을 난 벌도 사람처럼 물이 필요하다. 몇 년 전 김포 밭을 팔면서 매실 엑기스 담는 것도 끝이라 생각 들어 매실을 보이는 대로 주워다 커다란 항아리로 가득 담아 놓았다. 벌도 좋은 물을 먹여야 한다며 3년 묵은 매실 액과 물을 1:1로 희석해 벌통에 넣어주었다.

산속 계절 중 겨울과 봄은 능구렁이 지나듯 바뀐다. 누런 검불만 있는 것 같다생각하면 어느 새 곁에 와 있는 봄이다. 얼마 전까지 봉장 가는 길목에 눈이 많이 내려 자동차가 지나다닌 바퀴 자국만 따라 겨우 걸어 다녔다. 개울은 얼음이 녹아 물이 졸졸 흘러도 길가엔 눈이 돌덩이 같이 얼어붙어 걸어갈 때마다 버석거려 걷기도 불편했었다.

제주서 만난 봄은 향기보다는 색상으로 관광객을 먼저 대했다. 쪽빛 바다, 노란 유채, 붉은 동백이 그들이다. 내가 사는 아파트 단지 나뭇잎은 겨우 내내 가지에 동동 매달린 채로 시들어 말라 있었다. 언제 떨어졌는지 새순이 뾰족 돋기 시작했다. 그래도 바람은 쌀쌀해 외출 때는 겨울 파카를 입고 다닌다. 며칠 전 비가 내렸다. 길을 걷다보니 어디선가 향기로운 냄새가 났다. 향기를 찾아 여기저기를 둘러보니 아파트 돌담에 심어놓은 도장 나무가 꽃향기(芬)을 피워 봄을 알려주었다.

봉장은 지대가 위, 아래로 나누어져 있다. 아래층은 벌통이 일렬로 놓여 있고, 이 층은 푸성귀를 심어 먹는 밭이다. 3월 말이면 감자를 심는데 그 전에 밭에 퇴비를 뿌려야 한다. 지역농협에서 퇴비인 계분을 지원해 주었다. 밭에 뿌리니 똥(糞)냄새가 진동 한다. 농촌의 봄은 꽃분보다 똥분 냄새가 진동해야 실감이 더 난다. 향기로운 꽃을 피우기 위해서는 가축의 똥을 발효시킨 퇴비를 땅에 뿌려주어야 땅도 비옥해진다. 똥이 흙 속에서 제 역할을 잘 해주니 새싹도 돋고 자라 고운 꽃향기도 선물해 준다. 인간사도 세상사도 돌고 도는 것이 진리이긴 하다. 겨우내 땅속에 숨어있던 냉이가 닭똥 맛을 보더니 급속도로 쑥쑥 자라났다. 그것을 캐내어 삶아 무치니 봄나물이 입맛을 살린다. 작은 냉이꽃을 선두로 꽃 단지, 다래 순, 다양한 들꽃들이 피면 벌도 부지런히 꽃가루를 모아오니 봉장엔 분, 분, 분, 모두가 한 몸이다.

작년 가을 산림조합에서 허가를 받고 산에 있던 참나무를 잘라냈다. 트럭 한 대 분의 참나무를 봉장 마당에 부려놓았다. 열댓 개 참나무는 표고버섯 종균을 사다 참나무에 구멍을 뚫고 넣어놓으니 봄, 가을로 버섯이 제법 열렸다. 나머지 널부러진 통나무는 내내 마당에 방치해 놓았다. 올 겨울에 참나무를 톱으로 잘라내 봉장 울타리로 만들었다. 통나무울타리가 주변 산과 썩 잘 어울린다.

어디서 물어오는지 몇몇 벌은 양 날개 밑에 동그랗게 화분 덩이를 달고 들어온다. 알에서 깨어난 새끼에게 영양분을 제공하기 위한 그들의 노고가 가상하다. 벌의 수명은 2개월이지만 겨울을 나는 벌은 대략 4개월이다. 11월부터 2월까지 그 기간 벌은 최소한의 움직임으로 에너지 소비를 줄인다. 겨울에 봉장에서 할 일이라고는 소문(벌 대문) 앞을 청소해 주는 것이다. 벌들이 봉구를 틀고 조금씩 자리 이동도 하지만 문 앞에 있던 벌 일부는 추위로 얼어 죽는다. 꼬챙이로 그곳을 수시로 뚫어 주어 벌통 환기에 신경 써야 한다. 소수의 숫자지만 나머지 봄까지 살아남는 벌은 세대를 이어주기 위해 징검다리이기 때문에 다른 계절 일벌보다 수명이 길다.

날씨가 고르지 못하니 벌도 움직임이 적다. 작년 꿀 농사도 수익 면에서는 본전도 못 건졌다. 벌통 한 통에 40만 원을 주고 8통을 샀는데 꿀은 300만 원도 안 나왔다. 펑크가 난 작년 수입을 올해는 면할 수 있으려나. 이곳이 산속이다 보니 봉장 근처에 토종벌을 키우는 사람도 있다. 며칠 전 이웃 양봉장에서는 토종벌이 양봉장을 습격해 벌통이 쑥대밭이 되었다 했다. 제철 기세 좋은 양봉 벌이 토종벌통을 망가트리는 일은 종종 있는 일이지만, 토종벌이 양봉 벌을 습격하는 경우는 드문 경우다.

가을에는 말벌이, 겨울에는 토종벌이, 먹이가 없어 양봉장을 기웃거리니 양봉장 관리단속을 철저히 잘해야 한다. 3 한 4온이라 했던 날씨가 이제는 별 구분이 없다. 꿀 사업은 오로지 날씨와 관련이 있으니 하늘의 뜻에 따라야만 한다. 어제까지는 영하였던 날씨가 오늘은 갑자기 영상 20도가 넘었다.

작은 밭이라도 퇴비 뿌린 땅을 갈아엎어야 농사를 지을 수 있다. 경운기로 밭 갈아줄 사람을 며칠째 구해보지만 감감무소식이다. 3월 말인데도 구하지 못해 마을노인회관을 찾아가보니 80대 어르신들 뿐이다. 남편은 나이가 70대라 초반이라 밝히니 젊은이라며 대환영이다.

어느 해 밭을 갈지 않고 감자를 심은 적도 있다. 척박한 땅에서도 잘 자란다는 감자도 이때만큼은 수확이 많지 않았다. 밭을 갈고 안 갈고 차이는 평소 감자수확량 두 배가 넘었다. 농사는 시기를 잘 맞추어야 하는데 이래저래 걱정이다. 붕 붕 붕 건강한 벌들의 날개 짓 소리가 귀에 들리고 산속에서 피톤치드가 뿜 뿜 솟아 나는 오뉴월의 활기찬 기운이 어서 오길 고대 해 본다.

4- 여왕 쫓겨나다

허니문

찰스 다윈은 육각형 벌집은 낭비가 전혀 없는 완벽한 구조물이라 했다.

입춘이 코앞에 다가왔다.

예전에는 2월초(입춘)에 벌을 깨웠으나 요즈음은 벌 깨우는 시기도 점점 빨라져 가고 있다. 대략 우수에서 입춘 사이가 그 시기다.

벌 깨우는 날은 바람이 없고 낮 기온이 $8°$이상 되어야 한다. 햇볕이 가장 좋은 점심시간을 전후에 벌통을 조금만 열고 신속히 처리해야 한다. 벌을 깨우러 간다는 봉장 주에게 벌을 어떻게 깨우냐고 물으니 '일어나라' 소리치면 일어난다며 아침부터 아재 개그를 한다.

벌을 깨우는 주된 이유는 먹이는 충분한가? 여왕벌은 잘 있는가? 습기가 심하지 않은가? 죽은 벌은 얼마나 되나 등등을 살펴보고 모자라는 식량과 물을 넣어주는 것이다.

벌의 수명은 대략 40여 일이다. 겨울을 나는 벌은 본능적으로 4개월 까지 생존이 가능하다. 벌통 안에는 겨울 동안 최소한의 식량인 꿀과 화분을 섞은 떡밥을 넣어둔다. 벌들은 그 안에서 먹이를 따라 조금씩 날개를 붙이고 함께 움직인다. 적은 식량으로 긴 겨울을 버틸 수 있는 이유는 활동량이 없기 때문이다. 먹고 배설하는 것은 동물의 본능이지만 이 시기는 바깥출입을 삼가고 배설도 참는다. 행여 똥이 급해 나오더라도 추위에 견디지 못하고 밖으로 나왔다 바로 얼어 죽는다. 벌을 깨우는 날은 그동안 참았던 똥을 배설하러 밖으로 나오는 벌이다.

벌의 첫 똥은 아기들 똥처럼 노란빛을 띤다. 아기들도 똥의 형태로 보고 건강을 체크하듯 벌도 똥을 보면 건강상태를 알 수 있다. 길쭉길쭉한 똥은 건강한 벌이고 묽은 똥을 싸는 벌은 건강하지 못한 게 인간들의 그것과 다를 바 없다. 벌 똥은 밀랍 성분이 있어 주변 농가나 차에 떨어지면 잘 지워지지 않아 낭패나 뜨거운 물로 세척하면 쉽게 떨어진다.

얼마 전 지인의 결혼식장에 다녀왔다. 축하 하객들로 분주한 식장을 예상하고 갔는데 코로나 여파만 실감하고 돌아왔다. 미리 찾아갔더라면 혼주 얼굴이라도 보고 왔을 텐데 선약이 있어 시간이 십여 분 늦었다. 마침 근처라 혹시

들어갈 수 있을까 찾아갔지만 역시 입장 불가다. 접수대에 직원들도 인원 제한에 걸려 식장에 못 들어가고 밖에서 서성댔다. 코로나로 거리두기 2.5단계라 50명 이상은 입장 불가라 한다. 굳게 걸어 잠근 성당 문만 바라보다 성당을 한 바퀴 거닐고 접수대 옆에 전시된 예비신혼부부 사진만 바라보고 돌아서야 했다.

선남선녀의 첫 허니문 여행지는 어디일까 사회적 거리두기로 해외여행은 못가니 국내에서 제일 이국적인 풍경이 있는 제주로 가지 않을까 예측해 본다.

고대 노르웨이에서는 신랑이 신부를 납치해서 '숨겨두는 기간(hijunottsmanathr)이 있었다. 딸을 찾아 나선 신부의 아버지가 딸 찾는 것을 포기할 때까지 숨어서 기다려야 했다. 부족은 신랑 신부를 함께 숨겨주었고 신부의 아버지가 딸 찾는 것을 포기하면 그제서야 신랑의 부족에서 함께 지냈다. 숨어있는 동안 신랑과 신부에게 매일 꿀로 만든 술을 한 잔씩 주었다. 이 30일 기간이 '허니 문(honeymoon)이다.

이국적인 장소로 여행을 떠나는 오늘의 관습처럼 허니문은 의미심장한 기간이다. 건강한 부족의 아이를 위해 매일 꿀을 섭취한 고대인들도 힘의 원천을 꿀로 삼았다는 기록이다. 르네상스 시대 이후 허니 문 역시 시대적 변천에 따라 달라졌다. 허니 문 기간에는 둘만의 은밀한 시간은 보내는 방식이 선호되고 여행이라는 개념으로 바뀐 것은 19세기 영국의 빅토리아 시대부터다. 기차나 증기선을 타고 새로운 곳을 탐험할 수 있게 된 것도 이때부터다. 비행기 여행이 보편화 되면서 과거의 피난 또는 격리같은 신혼여행은 사라졌다.

우리나라도 88올림픽을 전후 해 세계여행이 자율화되면서 지구촌 곳곳의 휴양지를 찾아 허니문 여행을 다녀올 수 있게 되었다. 1970년대만 해도 해외로 허니 문을 떠나는 것은 일부 특권층에 불과했고 대 다수 시민들은 서울 시내 유명호텔에서 하룻밤을 보내던가 아니면 택시를 대절 해 정릉계곡이나 온양온천을 찾기도 했다. 80년대부터는 제주도나 설악산으로 떠나는 허니 문이 유행이었고, 90년도 이후에는 세계 각국 휴양지와 유럽 골목골목을 찾는 허니 문으로 바뀌었다. 40년이 지난 지금 유행이 돌고 돌아 복고로 돌아왔다. 허니 문도 복고풍이 되어 국내 제주도가 1순위가 되었다.

세계 인구 중 20만 명 이상이 코로나19로 사망했다는 보고다. 바이러스 피해라는 한 가지 이유로 너무 많은 아까운 사람들이 죽음을 맞고 있다. 힘든 시기를 보내고 있는 인간 세상이다. 사람도 곤충도 한겨울 나기는 모두 힘든가 보다.

벌통 밖에는 까맣게 죽은 벌들의 사체들이 그득하다. 그중에는 얼어 죽는 벌, 수명을 다하여 죽는 벌, 식량이 부족하여 죽는 벌, 병에 걸려 죽는 벌, 죽음을 맞이하는 종류도 다양하다. 엉덩이가 까맣게 변질돼 죽는 것은 늙어 맞는 죽음이고, 벌집에 머리를 집어넣고 죽는 벌은 먹을 것이 부족한 것이다. 복부가 부풀어 죽은 벌은 변질 된 식량을 먹고 죽은 것이고 어린 벌이 날개가 찌그러져 죽었다면 이것은 진드기로 인한 피해다. 농약피해를 입고 죽는 벌들은 혀를 길게 빼고 날개를 펼치고 죽는다. 한 세대가 가고 다음 세대를 맞이하는 지구에서는 알 수 없는 새로운 일들로 크고 작은 변화를 겪고 있다.

농장하우스 안에는 일 년 동안 모아놓은 밀랍이 제법 모였다. 밀랍을 녹여 초를 만들어 보았다. 다 쓴 둥그런 휴지를 이용해 초 심지를 넣고 밀랍을 끓여 부으니 일곱 개의 고운 밀랍 초가 만들어졌다. 밀랍 초의 향기는 벌레가 싫어해 해충 퇴치용으로도 사용된다. 꿀은 높은 열량이 있어 면역력과 정력증진에 도움이 된다니 요즈음 같은 시기엔 자신의 건강을 위해 먹어야 할 필수품도 꿀인것 같다. 벌이 살아있는 한, 인간의 생명도 세대를 이어가며 영원할 것이다.

육각형 건축가 벌

유월, 벌들이 왕성하게 활동하는 계절이다. 올해 꿀 농사는 전 년에 비해 풍작이다. 첫 번째로 딴 야생화 꿀이 한 말, 이후 보름 간격으로 다시 딴 아카시아꿀 너 말, 다시 또 뜬 야생화 꿀이 한 말이니 총 여섯 말이나 떴다. 꿀 한 말에 꿀이 대략 열병 나오니 올해는 특별한 해다. 통장으로 찍혀 들어오는 꿀 대금은 온종일 몇 마디 말도 안던 부부 대화에 윤기가 흐른다. 연일 집안에 꿀이 있으니 끈끈한 동지애도 생겼다.

찰스 다윈은 육각형 벌집은 낭비가 전혀 없는 완벽한 구조물이라 했다. 밀랍은 일벌의 배 아래 쪽에서 분비되는 노란색의 천연 왁스이다. 그것을 녹여 여과기로 걸러 불순물을 없애면 양초, 접착제, 껌, 화장품 광택제로도 사용할 수 있다. 밀랍은 일벌의 배 마디에 있는 납에서 분비되는데 출방 후 12~19일 정도 일벌이 만들어낸다. 납 인은 육안으로 보이는 작은 조각으로 정오각형인데 얇은 비늘 모양의 조각이다. 밀랍분비는 온도가 33°~36°의 높은 온도에서만 이루어지고, 늙은 일벌도 분비는 가능하나 그 능력이 떨어진다. 젊은 일벌의 숫자가 많을 때 집도 잘 짓는다. 밀납을 만들기 위해서는 많은 양의 꿀이 소요되며 밀랍준비가 왕성할 때는 벌통 바닥에도 밀랍이 흩어져 있다.

집짓기에 참가한 일벌들은 일시에 많은 꿀을 섭취하고 하루 24시간부터 34시간까지 장시간 집 지을 장소에 매달려 일을 한다. 집 짓는 소요시간은 4분 정도 걸리고 그 집짓기가 벌들에게는 가장 힘든 작업이다. 약 4만 개의 일벌 방을 만들기 위해 5,000g의 밀랍이 소요되고 꿀 저장고를 만들려면 113g의 밀랍이 필요하다.

아카시 꿀을 따고 나면 산에는 밤꽃이 피기 시작한다. 하얗게 꽃이 피면 그것이 모두 꿀을 주는 꽃인 줄만 알았다. 양봉업을 하면서 밤나무꽃도 암수가 있다는 것을 알게 되었다. 우리가 흔히 알고 있는 밤꽃은 기다랗게 늘어진 수꽃이었다. 짧은 꽃잎 밑에 밤 가시가 쫑쫑 달린 것이 암꽃이다. 이 암꽃이 향을 풍겨야만 많은 양의 꿀을 채취할 수 있다. 수꽃은 혼자서 열매를 맺지 못한다. 지나가는 한 줄기

바람이나 벌이 옮겨주어야만 밤송이를 맺을 수 있다. 벌을 키우면서 새록새록 알게 된 자연의 신비다.

오늘은 아카시 꿀을 따는 날이다. 노련한 문지기 벌들이 맹렬한 기세로 덤빈다. 채밀 복을 입었는데도 내 눈앞에까지 와서 윙윙대며 눈에 불을 켠다. 자신의 방어선이 무너짐을 안 늙은 일벌은 끝까지 따라붙으며 사력을 다한다. 채밀을 위해 쳐놓은 텐트 속까지 따라 들어왔다. 미리 채집해 놓은 꿀통에 자신의 몸을 부딪치며 빠졌다. 벌은 최후 순간도 맡은 임무를 위해 허우적거린다. 꿀통에 머리를 들이밀다 채밀 통 위로 쌓이는 꿀에 벌 날개가 젖어 든다. 날개부터 다리까지 버둥버둥대다 마지막 꿀통 속으로 풍덩 빠져도 비틀대며 일어나려 한다.

그들의 최후 순간을 바라보기 민망해 고개를 돌렸다. 이미 사태는 벌어졌고 예전으로 다시 돌아 갈 수 없는 슬픈 현실이다. 평생 꿀만 모으고 그 모아온 꿀통서 생을 마감하는 벌의 최후가 안쓰러워 집게로 집어 밖으로 꺼냈다. 다음 생은 더 누리고 살 수 있는 곤충으로 태어나거라 중얼거리며 손을 모았다.

칼을 든 남편이 헛집을 가차 없이 제거한다. 그것을 모아 냄비에 넣고 물을 부어 끓였다. 위에 뜬 지저분한 불순물을 거르고 나면 노란 밀랍만 남는다. 다시 그것을 걸려 한곳에 부어 굳혀 겨자색 밀랍을 만들었다. 밀랍을 직접 생산해보니 절차는 복잡해도 천연제품이라 신뢰가 생긴다. 밀랍을 처음 본 것은 결혼 후 얼마 지나지 않았을 때였다. 명절이면 춘천에 있는 큰댁 제사에 참석했다. 그때마다 큰댁에서는 인절미를 싸 주었다. 하얀 인절미는 밖에 그대로 놓아도 상하지 않았다. 그 이유를 시댁 형님께 물으니 제사떡 인절미 앞뒤로 밀랍을 가득 발려 저장하면 떡이 쉽게 상하지 않는단다. 천연 방부제인 밀랍은 고대 이집트에서도 미이라에 밀랍을 입혔다는 기록을 찾아 볼 수 있었다.

육각형의 벌집은 안전성이 최고인 건축물이다. 육각형이 서로 닿아 힘이 분산되어 안정적 구조가 된다. 실제로 건축물을 지을 때도 적은 재료로 튼튼하고 넓은 구조를 지을 수 있는 벌집을 가장 선호한다.

집 짓는 방법으로 육각형의 벌집 구조는 자체중량과 비교하면 30배의 저장성을 지니고 있어 공간을 효율적으로 사용하는 건축구조인 허니콤 구조가 탄생하였다. 실제 허니콤구조는 자동차와 기차의 충돌완화장치로 충격을 효과적으로 흡수하는 방법으로 쓰이고 있다. 몸에 좋은 꿀을 생산해내는 벌들이 짓는 집이 인간의 삶에 힌트가 되어 실제로 사용하고 있었다.

남미여행 중 브라질 리오테자네이루에서 본 메트로폴리

타나 대성당도 벌집같이 생겼다. 밖에는 뜨거운 태양이 이글거려도 성당 안은 에어컨을 켠 듯 시원하다. 한 치 오차도 허용치 않는 집짓기 달인 벌의 건축기술을 사람들이 도용하여 지은 예이다.

 꿀을 채집하다 소비를 잘못 건드려 벌집이 부서졌다. 남편에게 한소리 듣기 싫어 미리 이실직고하니 반응이 부드럽다. 걱정하지 마. 대수롭지 않게 대답한다. 알고 보니 벌들은 달인 건축가답게 집수리도 완벽하게 잘해놓는다. 집만 잘 짓는게 아니고 부서진 집수리도 감쪽같이 재현해 놓는 일류 기술자였다.

함께 사는 세상

 칡넝쿨이 하늘 끝까지 오를 태세다. 농장 컨테이너 뒤쪽에 전봇대를 타고 오르는 칡을 한전에서 바가지 차를 가지고 와 제거해 주었다. 청춘열차에서 바라본 바깥 풍경은 푸르다 못해 검푸르게 보이더니, 어느 날부터인가 누런 황금 들판과 바닥에 떨어진 나뭇잎이 바람에 뒹군다. 청춘열차를 타고 흐르는 강물을 넋 놓고 바라보다 보면 어느새 가평역이다. 굴봉산역서부터 걸어가다 보면 공기는 더할 나위 없이 상쾌하다. 하지만 복병도 있다. 눈앞을 아른거리는 초파리 떼와 사람 땀 냄새를 맡고 득달같이 따라붙는 모기떼가 그들이다.

 초파리는 손을 휘휘 저으며 쫓아 보지만 모기는 죽기를 불사하고 덤벼든다. 결국, 모기에게 몇 방 쏘였다. 순간 불에 덴 것 같이 따끔하다. 이내 살갗이 벌겋게 부풀어 오른다. 봉장 밭에도 산모기가 많다. 산모기는 물리면 그 부분이 당장 크게 부풀어 오르긴 해도 쉽게 가라앉는다. 해충퇴치제를 뿌리고 모자를 쓰고 무장을 해도 옷 위를 쏘는 모기다. 모기 암놈은 단백질을 섭취해야만 알을 낳을 수 있다. 미물이긴 하지만 그도 후손을 잉태하려면 동물 핏속에 있는 단백질을 먹어야만 한다. 알고 보면 인간과 함께 공생해야만 하는 모기 운명이다.

이사 온 첫해에는 벌 진드기 피해가 없었다.

올봄에는 진드기 피해로 60여 통의 벌통이 전부 다 괴사되었다. 매사에 신경이 날카로워진 봉장주다. 진드기 퇴치를 위해 심혈을 기울이나 진드기약인 개미산은 휘발성이 강해 공기보다 무겁고 온도에 따라 조절을 잘 해야 한다. 워낙 강력한 약이다 보니 그것을 벌통 속에 넣어둘 때면 늘 조심한다. 자칫 하다가는 인체에도 해가 있어 방독면과 장갑은 필수착용이다.

개미산 원액에 물을 20% 정도 섞어 부엌에서 쓰는 종이 행주에 듬뿍 적셔 소방대 위에 얹어 놓았다. 소문을 활짝 열어놓아도 어린 벌들은 그 냄새에 질식하기도 한다. 얼마 전에도 약을 뿌린 다음 날 벌통을 열어보니 죽은 벌 사체가 까맣게 쌓여 있었다.

여름 내내 벌 숫자를 늘리기 위해 고생한 남편이 폐사한 벌을 보고는 안타까워 잠을 이루지 못했다. 진드기는 사람의 간에 해당하는 꿀벌 지방 체를 빨아먹기 때문에 유충도 어린 벌도 제대로 살지 못한다.

벌 진드기를 눈으로 직접 확인하고 싶어 봉장을 찾았다. 벌통에 개미산을 넣어두기 전 그 밑에 끈끈이가 달린 하얀 종이를 받쳐 놓았다. 서너 시간 후에 그 종이를 꺼내 보니 볼펜 심으로 점을 찍어놓은 것 같은 것이 점점이 까맣게 찍혀 있다. 그것이 벌 진드기다. 육안으로는 살펴볼 수 없는 코딱지보다도 작은 놈인데도 벌에게는 치명타다. 유충에 붙어 액즙을 빨아먹기도 하고 어린 벌들이 피해를 보기도 하니 진드기는 양봉가에서는 꼭 퇴치해야만 하는 유해 충이다. 하지만 온도 습도에 따라 자연적 발생이라니 천상 그것도 함께 다루며 살아가는 것이 살아남는 길이다. 매일매일 관리하는 수밖에 아직 까지는 별 뾰족한 수가 없다.

집에도 진드기가 산다. 며칠 전 렌탈한 비데를 새것으로 교체했더니 침대 매트리스 크리닝을 무료로 해 준다는 전화가 왔다. 급하게 걷어놓은 침대 이부자리가 민망할 새도 없이 드륵드륵 쏴~쏴 몇 차례 매트리스를 훑던 진공청소기가 멈췄다.

"이거 좀 와서 보셔요."

함께 사는 세상

청소기 소리가 시끄러워 거실에 나와 있다가 급히 안경을 끼고 들여다보니 먼지만 조금 보였다. 내 반응이 탐탁지 않자 그가 커다란 돋보기를 꺼내 먼지를 보여주었다. 꼬물거리는 물체가 진드기였다. 진드기가 인체에 해로우니 당장 매트리스를 바꾸든지 아니면 크리닝 신청을 하란다.

"진드기도 집에서 같이 살아야죠. 뭐."

심드렁한 내 대답이 황당했는지 업체 직원은 청소기를 접고 철수해 버렸다. 솔직히 이부자리는 빨고, 털어내도 침대 매트리스까지는 신경 안 쓰고 산다. 매트리스 크리닝보다 안방에 다른 사람이 들락이는 게 싫고, 이부자리와 침대보까지 일일이 걷어내고 들어내는 것이 귀찮다.

집먼지 진드기는 침구류에서 가장 많다. 언젠가 방송에서 보니 집먼지진드기는 물을 섭취하지 못하기 때문에 대기 중에 있는 비포화 수분을 피부를 통해 흡수해서 살아간다 했다. 집 진드기를 없애기 위해서는 습도조절이 중요하다. 집 진드기는 공생만 할 뿐 인체에는 그다지 해가 없다. 극히 일부인 알레르기 환자들만이 기관지, 천식, 등으로 고생하기도 한다.

어린 시절에는 몸에 기생하는 진드기 이, 벼룩 등이 있어 수시로 몸이 근질거렸다. 그때마다 어머니는 아이들 내복을 전부 벗기고 이불을 둘둘 말아 둘러주었다. 벗은 내복은

냇가에 나가 삶고, 두드려 햇볕과 바람이 잘 통하는 곳에 말리기도 했다. 그런 세대를 산 탓인지 어지간한 상황이면 무덤덤이다. 청결을 최우선으로 삼는 젊은 세대들과는 생각이 매우 다르다.

요즘 젊은 세대는 청결에 엄청 민감하다. 딸들도 예외는 아니다. 명절에 아이들이 다니러 온다고 하면 명절 음식준비보다 청소가 먼저다. 명절을 치르기도 전에 청소하다 보면 지친다. 세종시에 사는 작은딸이 오면 더 부산하다. 이부자리, 침대보까지 빨고, 털고, 이 모든 것을 치러야 하는 이유는 손님맞이도 있지만 작은 사위가 먼지 알레르기가 있다. 조금만 게을리하면 재채기와 콧물을 해대니 안 할 수도 없는 노릇이다.

농장 근처에 오래 벌을 키운 분이 농장에 마실 왔다. 그분의 이야기를 들으니 벌 농사를 새로 시작하는 사람은 3, 4년은 별 피해 없이 잘한다고 한다. 봉장 규모가 커지고 소비 등, 벌을 관리하는 장비들이 오래되면 될수록 진드기가 더 많이 생긴다 했다. 다들 한 번 씩들 피해를 대량으로 입어서 그런지 모두 해탈의 경지다. 벌 농사는 하늘의 뜻(날씨와 온도)에 따라 할 수 있는 직업이다. 벌도, 사람도, 진드기와 공생하며 함께 살아가는 것만이 해답이다.

명줄

　연일 신문방송에서는 꿀벌이 사라졌다는 소식이다. 새로 이사한 봉장이 있는 춘천시 남산면 백양리는 겹겹이 산으로 둘러싸여 있다. 그래서 그런지 별다른 피해는 없다. 오히려 비행기 길이 있던 김포 봉장보다 벌의 개체 수가 더 늘어났다. 흠이라면 산이 깊어 낮과 밤의 기온 차가 심하다.

　죽고 사는 것은 인간도 곤충도 숙명이다. 의술의 발달로 인간 수명은 급격히 늘었지만 예측할 수 없는 것이 인간 수명이다. 최근 3년간 코로나 바이러스로 전 세계 인구 중 제명(命)을 다 하지 못하고 사망한 사람도 많다. 죽음에 대한 또 다른 변수는 전쟁이다. 21세기에도 이념이 달라서 혹은 자국 이익을 위해 벌어지는 전쟁 탓에 죄 없는 사람들만 허망하게 사라진다.

매주 월요일이면 수필 공부를 하러 지하철을 탄다.

1호선, 9호선, 8호선 두 시간 가까이 걸리는 시간이다. 그 거리가 멀게 느껴지지 않는 것은 내가 좋아서 하는 일이고, 10여 년 이어진 스승님의 인연과 가르침이 있어서다. 아침나절 콧물이 주르륵 흘러 체온을 재 보니 별 증세가 없다. 수업 도중 입안이 갈라지는 것 같아 뜨거운 물을 연신 마셨다. 점심을 먹으러 엘리베이터를 탔는데 다리가 휘청인다. 식사를 위해 수저를 드는데 목 뒤로 식은땀이 흐른다. 함께 간 문우에게 민폐를 끼치기 싫어 먹는 둥 마는 둥 식당을 나왔다. 다시 다리가 휘청인다. 도저히 전철을 타고 집에 갈 자신이 없었다. 안색도 안 좋고 어지럽다는 말에 병원에 가보자 권유하는 스승님이다.

근처 내과 의사 선생님이 내 상태를 살피더니 바로 119를 불렀다. 혈압이 200이 넘어 위험수위라 했다. 갑자기 벌어진 상황에 가슴이 쿵쾅거린다.

다음 날, 다시 119를 불러 집 근처 대학 병원 응급실을 한 번 더 가게 되었다. 그동안 살면서 몇 번의 외과 수술(목디스크, 무릎관절)로 고비는 있었어도 생명이 끝날 수 있다는 생각은 하지 못했다. 새삼 내 명을 생각 해보니 주변 분들의 빠른 판단과 도움으로 내 運도, 내 命도 늘어난 셈이다.

명줄

벌들의 수명은 대략 40여 일이지만 특별한 때도 있다. 늦가을 월동을 해야 하는 벌이다. 그들은 좁은 벌통 안에서 날개를 맞대고 4개월을 버티며 종족을 위해 생존한다. 움직임이 없던 벌은 입춘 전후에 벌을 깨운다. 겨울을 나기 위한 철저한 준비 덕에 벌 깨우는 날은 할 일이 많다. 벌통 위에 씌워 두었던 덮개(장판)를 걷어내고 그 속에 겹겹으로 깔아놓은 깔개도 벗겨낸다.

벌들은 벌통이 열리면 몇 달 참았던 똥을 싸기 위해 밖으로 급하게 나온다. 상아색 봉장 주의 옷과 모자는 노란 벌똥이 밑그림처럼 그려졌다. 이때 벌의 똥을 자세히 살펴야 하는 이유는 벌도 탈이 나면 어린 아기 똥 같은 묽은 설사를 하기 때문이다.

깨어난 일벌들이 움직임이 부산하다. 여왕벌은 직감적으로 봄이 왔음을 알아차리고 이때부터 알을 낳기 시작한다. 3월 초순, 벌은 밖으로 나오지만, 외부온도가 8° 이하면 벌통 안으로 들어가지 못하고 얼어 죽는다. 남은 벌들은 새로 태어난 유충을 돌보고 여왕의 시중도 거든다.

김포에서 이사 온 가을 벌들은 다음 세대를 돌보는 임무 수행을 끝나면 자연수명의 생을 마감한다. 벌은 대개가 벌통 밖에서 죽지만 이곳에서는 골바람 탓인지 아니면 지형을 다 살피지 못했는지 벌통 앞에 사체가 수두룩하다. 겨울인 2,3월에도 매일 봉장으로 출근하는 남편이다. 벌통을 들여다보며 물통에 물이 있나 없나 살피고 약간의 소금물도 타서 준다. 벌통을 열어보면 제일 먼저 찾는 것이 여왕벌이다. 외부온도가 너무 낮으면 꼬물꼬물 벌들이 모여있는 한가운데는 여왕이 자리를 차지하고 있다.

식구가 많아지고 집이 좁아지면 일벌들은 본능적으로 신왕을 만든다. 신왕은 수벌을 찾아 교미하러 나가고, 구 왕은 식구의 2분의 1을 데리고 집을 나간다. 이것이 봉분이다. 이런 피해를 발생하지 않도록 봉장 주는 구 왕의 날개를 자르고 여왕의 몸통에 야광으로 표시를 해 놓는다.

날개 잘린 여왕은 더는 비상할 수 없고, 오로지 새끼만 낳는다. 5월 아카시아 꿀 철에 개최 수가 늘어난 일벌들이 꿀을 옴팡지게 모아온다.

김포 봉장은 3월이라도 매화꽃을 선두로 냉이, 꽃다지 등 들꽃이 풍성했다. 이곳 강원도 봉장은 경기도와 온도가 4-5도 가량 낮다. 아직은 작년 가을이 멈춘 듯 누런 덤불만 남아있어도 산속으로 햇살이 길게 들어온다. 봄을 알리는 개망초를 선두로 물오른 버드나무가 하늘거린다. 겨우내 허옇게 꽁꽁 얼어있던 계곡물도 졸졸 소리를 내며 봄을 알린다. 부지런한 벌들은 밖으로 나와 윙윙댄다.

자세히 근처 지형을 둘러보아도 눈으로 보아서는 먹이가

보이지 않는다. 몇몇 벌들은 어디에서 물어왔는지 양 날개 옆에 노란 화분을 달고 들어온다. 이곳은 참나무가 많다. 참나무는 나뭇잎보다 기다랗게 늘어진 꽃이 먼저 피기 때문에 화분을 얻을 수 있지만 꿀은 없고, 침엽수인 참나무, 잣나무만 푸르다.

 4월 말이 되니 산에 생강나무 꽃이 하나, 둘 피어나기 시작한다. 봉장 안에 있는 밭에도 노란 산괴불주머니 꽃이 피었다. 당장은 봄꽃이 없어 섭섭하나 꿀주머니가 있는 배초향도 물봉선화도 주변에 많으니 실망할 필요는 없다. 장소를 탓하기보다 나무를 심어 벌을 유인해야 하는 것도 봉장을 가꾸는 사람 몫이다. 봉장을 옮기기 시작부터 부지런히 꿀이 많은 나무를 봉장 둘레에 심었다. 바이오 텍스, 오가피나무, 쥐똥나무, 한그루, 한그루 옮겨 심으며 꿀 대박의 염원도 담고 봉장의 명(命)을 늘려본다.

 남편은 아침 9시면 가방을 둘러메고 부천 집을 나선다. 저녁 6시 무렵이면 춘천서 어김없이 집에 당도한다. 70을 바라보는 나이에 기차를 타고 서,너 시간을 오가는 것이 버거울법한데도 즐겁다. 늙어서 갈 곳이 있고, 할 수 있는 일이 있는 것이 그의 발걸음을 경쾌하게 만든다. 오늘도 콧노래를 흥얼대는 길을 나선다. 그의 명줄은 평균나이 보다 십년 이상은 늘어날 것만 같다.

속고 속이기

 광복절이 지났는데도 무더위가 기승이다. 우리 집은 1기 신도시 중동이다. 아파트는 저층이고, 앞뒤로 창문이 많고, 나무도 많아 해마다 에어컨을 켜지 않고 살았다. 층수 또한 3층이라 바람이 조금만 불어도 시원했다. 올해는 더위가 유별스럽다. 거실에 앉아있어도 후끈후끈 열기가 오른다. 연일 30도를 웃도는 날씨에도 불구하고 봉장 주의 출근은 휴일이 없다.

 언니의 소개로 처음 맞선을 보았다. 배슬배슬 바짝 마른 남자가 큰 눈을 껌뻑이며 찻집에 들어섰다. 설마 저 남자는 아니겠지 눈길을 회피하던 중 그 남자가 내 앞에 섰다. 그 남자를 처음 본 여동생은 형부 될 사람이 남자 발레리노 같다 놀렸다. 그랬던 남자가 40여 년을 함께 살다 보니 배도

두툼하고 얼굴도 번들번들 늙어간다. 퇴직 전 다녔던 직장도 자가용으로 10분 거리였다. 전철 한번 제대로 타지 못해 쩔쩔매던 남자가 춘천에 양봉장을 차리고 왕복 네 시간을 매일 기차와 전철을 바꿔 타가며 다닌다. 다시 생각해도 기특하다. 일이라면 취미 생활 외에는 벽을 쌓고 살던 남자에게 이런 변신이 있을 수 있다는 사실이 놀랍다. 여태껏 함께 살아오면서 사무실 일과 취미 생활 외에는 할 줄 아는 게(특히 집안일) 없었다.

"걔는 몸도 약하니 일을 시키지 말라"

외아들을 향한 시어머니의 사랑도 한몫했다. 나 혼자 아이들 셋을 모두 돌보고 집안일 등등, 잡다한 모든 것을 처리하고 살았던 지난날이 속은 것 같아 은근히 약이 오른다.

남편은 벌을 키우다 보니 벌 독에도 끄떡없다. 오늘은 손등이 통통 부어서 왔다. 벌을 두려워하지 않는 남자는 말벌을 맨손으로 잡으려 주먹으로 내려치다 쏘였다 한다. 그의 객기에 웃어야 할지 말아야 할지 헛기침만 나온다. 그가 호기롭게 나서는 데는 나름대로 사연이 있다. 앞글에서 밝힌 바와 같이 벌 독을 타지 않는 특이 체질이다.

6월 마지막 꿀을 따고 나면 한여름에는 벌들이 따올 꿀이 부족하다.

온도가 30도를 연일 웃도니 여왕의 생산능력도 떨어져 알도 잘 안 낳는다. 이때를 대비해 양봉 농가에서는 벌을 속이고 유인한다. 물에 설탕을 타서 벌통 속에 집어 넣어준다. 처음엔 물 2컵에 설탕 1컵 비율로 벌의 식량을 만들어 팔월 처서까지 준다. 그 이후에도 1:1 비율로 밥을 계속 준다. 밥을 충분히 먹은 일벌의 움직임에 동요된 여왕벌이 알을 까기 시작한다. 날씨가 선선해지는 9월이면 벌 숫자도 어느 정도는 늘어난다.

10월 말이면 겨울 양식을 만들어야 한다. 일벌들이 만들어 놓은 사양 꿀 장들을 부지런히 빼앗아 다른 장소에 보관해 놓았다. 이것이 벌의 겨울 양식이다. 올해는 꿀 농도가 진한 대신 벌 숫자가 적어 꿀을 많이 따지 못했다. 질이 좋은 꿀을 찾는 사람은 많은데 주문보다 생산량이 적었다.

남편이 성심성의껏 만드는 꿀이다. 그래서인지 당신이 키운 벌들이 따온 천연 꿀에 대한 자부심이 대단하다.

예전 어느 방송에서 유명가수가 한 말이 생각난다. 어려운 가정경제로 인해 생활전선에 뛰어든 모 가수의 어머니는 먹고 사는 게 힘들어 꿀 장사를 했다. 밤이면 조청을 깡통으로 사와 꿀과 섞으며, "내 죄를 사하여 주십시오, 아멘" 기도를 했다.

매일 반복된 어머니의 기도 소리를 들은 아들이 굳이 이

속고 속이기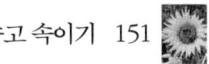

렇게 가짜를 섞어야 하는 이유가 무엇인가 물었다.

어린 자식들은 많고, 삼시 세끼 먹고 살기 어렵던 시절이다. 남을 속이는 일이 나쁜 줄 알면서도 그의 어머니는 아이들과 살기 위해 어쩔 수 없었고, 꿀과 조청을 섞어 양을 늘려서는 그 꿀을 팔아 자식을 키웠다 했다. 모두가 힘들게 살던 6,70년 대 꿀 장사 애환이다.

예나 지금이나 양봉을 직업으로 가지고 있는 사람도 있지만, 퇴직 후 취미로 좋은 먹거리인 꿀을 만드는 사람이 많다. 그러다 보니 먹거리로 손바닥 뒤집듯 크게 남을 속일 일은 없다. 간혹 주변을 둘러보면 사양 꿀을 섞어 판다는 소리는 간간 들린다. 비 온 뒤끝에 따는 꿀들은 수분함량이 많고 묽어 꿀양이 엄청나게 늘어난다.

대다수 양봉인은 이때 꿀을 양봉원에 보내 대형 건조기로 말려 판매한다. 고지식한 남편은 그렇게 하면 꿀 속에 천연효소가 파괴된다고 질색한다. 꿀양이 적어도 자연으로 벌통에서 보관했다 따야 한다는 지론이다. 양봉을 생업으로 하는 분들께는 죄송한 일이지만, 그런 행위가 옳다 그르다 판단이 서질 않는다.

살면서 나도 의도치 않은 속임수를 얼마나 많이 했을까. 남편과는 나이가 다섯 살 차이다. 처음엔 나이 차이에 밀려 얌전하게 말소리도 조용조용 큰소리 한번 안 내고 살았다.

십 년, 이십 년, 삼십 년, 사십 년이 지나고 두 사람만 남은 요즈음은 식탁에 밥을 차려놓고도 언쟁을 한다.

처음엔 격식과 예의를 갖춰, "식사하세요." 부드럽게 부르다. 방에서 컴퓨터에 집중하는 남편은 반응이 없다. 몇 번 반복해 부르다 나도 모르게 큰소리를 냈다.

"밥 먹어. 내 소리 안 들려"

소리를 꽥 지른다. 왜 그렇게 가면 갈수록 말을 거칠게 하냐며 서운해하는 남편이다. 고분고분 말 잘 듣던 사람은 어디 가고 이제는 사나운 마누라만 남았다며 눈살을 찌푸린다. 발톱을 감추고 살다 이제 본색이 나왔나 보다.

삶이 나를 속이니 자연발생적으로 거칠게 변해 간 것이 아닐까 위로해 보다.

말벌들이 기승을 부리는 계절이 돌아왔다. 벌 한 마리를 지키려면 별별 퇴치방법이 다 동원된다. 진액을 거른 매실 알갱이와 설탕, 식초를 1:1:1로 섞어 그릇에 3분의 1만 담고는 원뿔모형의 깔때기를 올려놓았다. 유인액만 실컷 빨아먹고 말벌이 도망간다. 이번에는 말벌을 속이기 위한 계략을 짜낸다. 원뿔모형을 뒤집어 놓았다. 유인액을 잔뜩 먹은 말벌은 좁은 구멍으로 날아가지 못하고 아래로 떨어졌다.

사람의 속임수에 자연 생태계의 최고봉인 말벌이 당하고

속고 속이기 153

만 있을 상대는 아니다.

  초가을이면 사라지던 말벌이 지구온난화 탓으로 초겨울까지 살아남아 사람을 우롱한다.

여왕 쫓겨나다

2024년 12월부터 온 나라가 시끌시끌하다.

대통령이 한밤중에 시행한 비상계엄선포에 다들 놀라움과 분노를 감추지 못한다. 이후, 비상계엄령을 비판하는 시민과 대통령을 옹호하는 이들로 나라 전체가 갈라졌다. 광화문에서는 연일 각자의 목소리가 터져 나왔고, 불안한 정치 분위기 속에서 국민이 모두 혼란에 빠졌다.

당나라 황제 현종 때 일이다. 아첨에 능한 이임보라는 간신이 있었다. 황제 앞에서 충성스러운 얼굴로 상대를 천거해 자리에 앉혀 놓고는 바로 음모를 꾸며 상대를 제거했다. 이임보 눈 밖에 난 사람은 쥐도 새도 모르게 죽어 나갔고, 사람들은 이임보를 향해 입으로는 달콤한 말을 하지만 뱃속에는 칼을 가지고 있는, 벌과 관련된 사자성어인 구밀복

검을 후세에 전했다.

근처에서 양봉한다는 지인이 봉장으로 찾아왔다. 작년에 꿀 좀 떴냐고 묻는다. 봉장주는 여긴 꿀이 얼마 없다며 얼버무린다. 굴봉산 골짜기엔 양봉장이 곳곳에 있다.

그러다 보니 의견교환보다는 은근히 모두가 견제세력이다. 꿀이 많은 곳이라 소문이 나면 트럭에 벌통을 당장 싣고 와 바로 옆에 놓아도 법적으로 별 제제가 없기 때문이다. 서로 웃으며 이야기를 해도 속까지 다 열어 보이지 않는다.

벌 세계에는 정직과 부지런함이 있을 뿐 속임수는 없다. 벌통 한 개에는 소비가 열 개씩 들어있다. 겨울을 난 벌통 속 소비 숫자는 3, 4개뿐이다. 겨우내 많은 벌이 동사했기 때문에 이 시기에는 벌의 숫자도 피라미드를 거꾸로 엎어 놓은 형태가 된다. 온도에 매우 민감한 벌이다. 겨울이라도 벌통 속 온도가 30도가 넘으면 알을 낳을 수는 있다. 밖에 온도가 7도 이상이면 활동을 시작하고, 그 이하 온도이면 얼어 죽는다.

밤낮 기온 차가 심한 이곳은 3월 초인데도 눈이 내렸다. 소나무 가지에 수북하게 눈이 쌓이니 나뭇가지가 쩍쩍 부러졌다. 길도 얼어붙어 발걸음이 조심스럽다. 이 길을 걸으며 언제 저 눈이 다 녹으려나 걱정스러웠는데 하루 밤사이 눈이 감쪽같이 다 없어졌다. 봄눈 녹듯 사라진다는 말을 실감한 날이다. 봄볕에 바깥세상이 궁금한 새끼 벌들이 꼬물꼬물 날개를 펴보아도 산속은 아직 누런 검불만 보인다. 다리 사이에 노란 화분을 끼고 들어오는 벌들이 한, 두 마리 보이기 시작했다. 이 시기 화분은 생강나무나 회양목, 버들강아지에서 채취한다. 며칠 새 앞다투어 제비꽃, 민들레꽃도 피어나니 벌들이 이곳저곳을 넘나든다.

비 온 뒤 나뭇가지에 물이 오르니 벌 숫자도 늘었다. 보름 동안 소비가 6, 7개로 늘어났다. 앞서 밝힌 바와 같이 벌 생명은 대략 45일이지만 겨울을 나는 벌은 4개월이다.

3월부터 4월까지는 새 생명이 많이 태어난다. 아카시꽃 꿀을 물어오는 벌은 생명이 더 짧다. 몸을 돌보지 않고 꿀이 많은 시기에 태어난 벌들은 제 수명도 다 채우지 못하고 빨리 죽는다. 아카시꿀이 끝나면 다시 밤나무꽃이 피어나기 시작한다. 또 다른 새 벌이 태어나고 그들이 밤꿀을 모아온다. 7월에 접어들면 벌의 숫자 형태는 피라미드로 바뀐다. 여름부터 가을까지는 서서히 개체 수를 감축하며 겨울맞이를 한다.

고사성어 구밀복검은 벌에게는 해당 사항이 없다. 왕을 위해 주어진 일에 최선을 다하고 다음 세대를 이어주기 위해 살뿐이다. 중도세력이 없는 벌처럼 지금 우리가 처한 사회도 극우와 극좌로 나눠 극심한 몸살을 앓고 있다. 4월, 대통령이 탄핵 되었다. 벌도 여왕 유고 시에는 비상사태에 들어간다. 몸이 부실하거나 직무를 게을리하는 여왕은 가차 없이 죽이고 새로운 왕대인 변성왕대를 만들어 다음 왕 맞을 준비를 한다. 각계각층에서 대통령중심제의 헌법을 개헌하자는 소리가 들려온다. 거짓과 불신이 활개 치는 나라가 아닌 대한민국의 미래를 제시하고 국익 앞에는 여, 야의 협치가 필요할 때이다.

 사업을 하는 지인이 중국 거래처 사장에게 받았다며 로열젤리 한 병을 우리에게 주었다. 그것을 이층 해 여왕을 만들어 보려 했으나 번번이 실패했다.
 그 로열젤리는 밍밍하고 느끼한 맛이었다. 진짜인지 가짜인지 진짜를 먹어보지 못했기에 알 수 없었다.
 남편이 올해 처음 채취한 것이라며 도시락통을 내민다. 그 속에는 로얄젤리 서, 너 개가 들어있었다. 벌이 왕의 유고 대비해 만든 변성왕대들이다. 엄지손가락 한 마디 정도 크기다. 타원형으로 생긴 그 벌집 속에는 새끼 애벌레가 웅크리고 있고, 그 밑에 로열젤리가 소량 들어있다.
 숟가락에 담아보니 반 스푼도 안된다.

빛깔은 연노랑 빛이고 생김새는 계란찜같이 보이기도 하고 버터 같이 보이기도 한다. 맛은 약간 느끼하면서도 알싸한 것이 혀끝을 톡 쏜다. 목구멍으로 넘어갈 때까지 아릿한 것이 길게 느껴져 속이 울렁거렸다.

벌도 위기 상황에서는 새 왕대를 만든 듯 우리도 새 정치를 위해 새 인물이 필요한때다. 역사 속에서 보면 나라가 위기에 처했을 때마다 위인도 탄생했다.

2025년 대한민국은 음악, 미술, 체육, 영화 등 문화는 세계인의 마음을 설레게 하고 있다. 하루빨리 정치도 국가이익을 위해서 양심에 따라 직무를 행하는 올바른 정치인이 많아지길 바라고 바란다.

새 왕의 탄생,

이 혼란스러운 정국을 잠재우고 위기에서 탈출할 수 있도록 간절히 기도한다.

참고문헌

-《사라진 벌들의경고》마크윈스턴지음. 전광철,권영신공역 홍익출판사. 2016
-《한국의 말벌》정계준, 경상대학교출판부. 2016
-《양봉사 계절 관리》조성봉,이명렬공저,오성 출판사,2018
-《최신 양봉학 》선진문화사,1996.조성봉,이명렬 편저
-《양봉학》남상욱,권오달 편저 .2016
-《최신양봉학》김병오 外 12인.선진문화사,1996
-《양봉 학교 2기》시흥아카데미 교재 시흥시, 2017
-《네이버 지식백과 말벌》
-조선일보: 이영환 과학전문기자-ywiee@chosun.com

양봉에 대한 본문 용어 설명

- 소비: 벌이 알을 낳고 먹이와 꿀을 저장하며 생활하는 집. 일벌들이 분비한 밀랍으로 만들며 육각형의 방이 여러 개 모여 층을 이루고 있다. 보통 벌통 하나에 소비가 열 개 들어가 있다.
- 촉각: 절지동물의 머리에 있는 감각기관. 벌은 머리, 가슴, 배 세 부분으로 되어있고 머리에 촉각이 있다.
- 복안: 절지동물 중에서 곤충류 갑각류의 눈. 낱눈이 벌집 모양으로 형성되어있어 운동 시, 형태지, 색채 시의 능력이 있다.
- 변성왕대: 급조 왕대라고도 함. 불시에 여왕벌을 잃거나 제거되었을 때 일벌들이 후계 여왕벌을 옹립하기 위하여 알에서 부화한 지 3일 이내에 유충 방을 선택하고 소방을 확장, 개조하여 만든 왕대.
- 봉수군: 벌의 무리
- 봉구: 벌들이 둥글게 무리져 있는 모양

- 한강, 낙동강, 금강, 영산강, 자전거길을 일주하였지만, 내 고향 춘천만큼 좋은 천혜의 자연풍광도 없다. -

경춘선 그 길이 나를 부른다

이규선

　나는 오늘도 전철을 타고 용산에서 다시 청춘열차를 탄다. 열차가 가평역에 도착하면 굴봉산 가는 전철로 또 갈아탄다. 30년간 해온 공직생활은 직장이 집과 가까워 걸어 다니거나 자가용을 이용했다. 다시 타는 경춘선 길목에서 내 인생을 돌아본다.

　내가 태어난 곳은 춘천시 남산면 행촌리다. 은행나무가 많아 행촌리 인가 그곳은 조상 대대로 터를 잡고 사는 곳이다. 무슨 연유인지 그곳에는 전주 이씨와 원주 원씨 두 성씨가 함께 살았다.

　두 성씨는 사이좋게 잘 지내다가도 가끔 시시비비를 가린다. 윗마을엔 큰집, 아랫마을엔 작은집, 할머니 자손은 7남매다. 아들 여섯, 딸 하나가 모여 사니 마을 사람들은 우리 집안사람들을 함부로 대하지 못했다.

　수입 없는 좁은 산골에서 모두가 함께 지내니 먹거리가 늘 부족하다. 각자 결혼 해 가정을 꾸리면 하나, 둘 고향 행촌리를 떠난다. 내 부모님도 춘천시 효자동으로 거처를 옮겼다. 효자동 언덕은 내게는 늘 신나는 놀이터다. 세발자전거를 타고 능선 위를 오르내리며 땅강아지 처럼 뒹굴고 놀았다. 소꿉친구들과 검정 고무신 한 짝을 벗어 뒤집어서 자동차 놀이를 했다. 붕~붕 ~붕 입으로 소리를 내야 가는 자동차지만 고무신에 흙을 소복이 담아 밥도 짓고 떡도 차로 날랐다.

　효자동 언덕에 올라가면 공지천이 보인다. 귓불이 떨어질 것 같은 겨울 추위가 지나면 꽁꽁 얼었던 공지천도 꾸물댄다. 햇살에 수증기가 뿌옇게 하늘로 올라갈 때면 공지천 강가를 중심으로 겨우내 쌓인 묵은 옷을 빨기 위한 사람들이 모여든다. 흰 광목옷을 입고 강물을 향해 상체를 구부리고 빨래하는 아낙네 모습은 멀리서 보면 동글동글 하얀 공처럼 보인다. 사람들이 머리에 이고 와 내려놓은 함지박엔 빨래가 산처럼 쌓여있다. 가져온 옷가지를 강물에 울궈 겨우내 찌든 때는 빨래 방망이가 한몫한다. 탁! 탁! 틱! 내리치는 아낙네 방망이질은 빨래보다 가슴에 담아놓은 사연을 꺼내어 한풀이로 두드리는 것 같다. 튀어 오른 물방울은 햇살을 받아 오색 찬란하다. 그곳엔 집집에서 받아온 빨래만 전문으로 하는 빨래꾼도 있었다. 그들이 하는 일은 천변에 커다란 양은 솥을 걸어놓고 장작불을 피워 빨래도 삶고, 누런 광목천을 검은색 물감으로 들여주기도 한다. 빨래가 끝날 때까지 우린 개울가에서 붕어도 잡고 미꾸라지를 잡아 고무신을 벗어 그 속에 담아 오곤 했다.

새로운 일자리를 찾아 춘천을 떠난 부모님은 시골 할머니 댁에 나를 맡겼다. 고만고만한 나이의 사촌들이 여섯 명이나 있었지만 작고 어린 나는 늘 할머니 무릎을 독차지했다. 사촌 형들과 잘 놀다가도 투닥거리는 소리가 나면 할머니는 어디선가에서도 듣고 어김없이 나타난다. 손에는 부지깽이를 들고 달려와 형들을 혼 내킨다. 다락방에 감춰둔 곶감과 한과는 늘 내 몫이다.

매일 할머니께 야단만 맞는 사촌 형들은 할머니 몰래 뒤에서 내 머리에 꿀밤을 주고는 능치며 시치미를 뗀다. 학교 갈 나이가 되어 부모님이 계신 도시로 가야 했다. 행촌리서 강촌역까지는 삼십 리 길이지만 할머니와 함께 가는 길은 힘들지 않다. 할머니 몰래 나를 구박하던 사촌 형들과 떨어지는 것이 오늘만은 슬프다. 부모님이 사시는 곳은 경춘선 기차를 타고 가는 마석이다. 막상 행촌리를 떠나려니 걸음은 무거워도 부모님과 함께할 새 터전이 궁금해 마음은 벌써 풍선처럼 부푼다. 강촌역에 도착해 할머니 손을 놓칠까 다시 한번 손을 꼭 잡아 확인했다.

갑자기 멀리서 시커멓고 기다란 것이 뿌웅~~ 굉음을 울리며 내 앞에서 멈춰 섰다. 경춘선 기차의 첫 만남은 괴물을 만난 것 같았다. 너무 놀랍고 무서워 오줌도 찔끔 나왔다. 기차를 똑바로 바라보질 못하고 할머니 치마 뒤로 몸을 숨겼다. 두려워하는 내 마음을 읽은 할머니는 급히 내 손을 잡고 기차에 올라탔다. 덜컹덜컹 바퀴가 움직일 때마다 산과 들, 마을까지 획획 끌고 다니는 기차는 괴물이었다.

처음 타 본 기차가 무서움이었다면 두 번째로 만난 경춘선은 나를 학교로 데려다주는 통학 열차였다. 지방 학생들이 서울에 있는 중학교에 가려면 합격할 수 있는 확률이 높지 않았다. 원서를 쓰려 해도 교장실에 들려 선생님께 성적 확인을 받아야 했다. 경춘선 지나는 길목이던 경기도 마석 산골에서 서울 소재 중학교에 붙는다면 그 학교 이름은 덩달아 떠올랐다. 서울로 원서를 들고 간 사람은 180명 중 12명이다. 그 중 나를 포함해 두 명만 서울의 ○○○중학교에 붙었다.

말은 제주로 보내고 사람은 서울로 보내야 한다지 않았던가 시골에서는 제법 수재라는 소리를 듣던 외아들에 대한 부모님 기대도 컸다. 입맛이 까다로워 잘 먹지 않았던 나는 또래보다 몸집이 작다. 경춘선을 타고 한 시간을 달리면 서울 성동역 도착이다. 내려 30분 더 걸어가야 하는 학교 가는 길은 힘도 들고 시간도 바쁘다. 왕복 다섯 시간이 기차 타는 시간이다. 그것도 기차 배차 간격이 뜸해 집에 오면 시들은 파처럼 축 늘어진다. 등, 하굣길 기차 안에서 영어 단어장을 들고 다녀도 시끄러운 기차 안에서는 단어도, 요점 정리 메모도 머리에 도통 들어오질 않았다. 시골 학교에서 1, 2등만 다투던 내 실력은 서울 학생들 사이에 끼니 중간성적이었다. 상위 그룹은 도저히 따라잡을 수가 없었다. 더 핑계를 대자면 공부할 시간이 부족했다. 그래도 집을 나설 때면 서울중학교 교복과 모자를 삐딱하게 눌러 쓰고 가방은 옆구리에 끼고 어깨까지 으쓱대며 다녔다.

일류고등학교를 원하던 내 꿈은 끝내 이룰 수가 없었다. 이류 학교라도 접수하라는 선생님 권유가 있었지만, 자존심이 허락하질 않았다. 재수해서 다시 일류고등학교를 꼭 들어가겠다 우겼다. 재수하는 시간은 경춘선에서 바라본 강물처럼 빠르게 흘렀다. 꿈은 시들해지고 사춘기와 맞물려 좌절과 열등감만 남았다.

그즈음 춘천 외삼촌의 부름을 받고 취업이 잘 된다는 춘천농고를 한해를 묵어 입학했다. 서울서 온 애라는 거들먹 거림은 공부 안 해도 성적이 상위권이다.

하숙하는 친구들과 어울려 대학생 흉내를 내며 강원대학교 후문 동산에 오르기도 하고, 강촌에서 캠핑과 낚시도 했다.

방학이면 친구들과 중도 유원지를 찾아 마음껏 놀러 다녀도 참견하는 사람이 없다. 큰집 형님댁에서 거처를 두고 다녔다. 조카들만 다섯인 그 집은 나에게 관심 가져줄 여력도 없다. 부모님 잔소리도 없는 춘천은 완전 내 세상이다. 노는데 빠져버리니 수업시간도 빈번하게 빼먹었다. 그때마다 담임선생님이 몽둥이를 들고 나타나 단체로 타작마당이 되었다. 엉덩이엔 회초리 자국이 가실 날이 없었어도 그 덕분에 출석 일수를 겨우 채워 졸업할 수 있었다.

춘천이 다시 나의 삶이 터전이 된 것은 방위병으로 차출되면서다. 외가댁이 있던 추곡 발산리 중대본부에 배정됐다. 정작 공부를 열심히 해야 했던 학창시절보다 방위병 근무는 나를 철들게 만들었다. 꼼꼼한 성격에 주어진 임무인 지역 예비군 동원과 체계적인 훈련병 관리를 철저하게 지키니 전국에서 최우수 예비군중대로 뽑혔고 대통령 표창도 받았다.

제대 후 부모님이 계신 서울로 온 나는 한창나이에 할 수 있는 일이 없어 한숨만 늘어났다.

  어느 날 기차통학을 함께 했던 교육대학 다니던 동네 형이 공무원 시험준비나 해보라며 문제지를 사 들고 왔다.

  육체노동이 아닌 사무직은 내가 감당할 수 있을 것 같았다. 그날부터 골방에서 혼자 시험준비에 매달렸다. 시험 삼아 본 첫 시험에 덜컥 붙었다.

  경기도 소속인 성남으로 발령을 받았다. 본청 근무를 원했지만, 외곽에 있는 면사무소에 발령이 났다. 농가가 많은 그곳에서는 벼농사를 살피며 농촌 일손을 돕는 일이었다. 너무 쉽게 들어간 탓인가 벼 낱알을 세는 일부터 배웠다. 공직에 회의를 느껴 일 년도 못 채우고 사표를 냈다. 조금만 노력하면 7급 공채시험에 당장 붙을 것 같았다.

  다시 하는 도전은 첫 번보다 몇 배 더 힘들었다. 두 번의 실패는 자존감마저 떨어져 버려 다시 9급으로 시험을 쳤다. 사표를 내고 나갔던 행정공무원직이지만 다른 지역으로 배정받아 다시 시작된 두 번째 공무원 생활이다. 공무원 생활이 막 시작되었을 때 지인의 소개로 맞선을 보게 되었다. 기차를 처음 타 본다는 그녀를 데리고 데이트 코스로 잡은 곳도 경치 좋은 내 고향 경춘선 길이다. 강물을 바라보며 환호성을 지르던 그녀와 살림을 꾸렸다. 아들, 딸 삼 남매 낳았다. 매해 명절 때마다 경춘선을 타고 온 가족이 춘천 큰댁을 찾았다. 여자들이 친정집 가는 느낌이 이럴까 고교 시절 3년을 보낸 큰댁 가는 길은 늘 마음이 푸근해져서 작은 선물이라도 사촌 형제들에게 나눠주고 싶었다. 퇴직 전까지 매년 30명 분의 양말을 아내에게 부탁해 그들에게 전해주었다.

경춘선을 탈 일이 새롭게 생겼다. 작은 딸이 강원대학교에 합격했다. 대학 근처에 오피스텔을 얻어주고 예전 성실하지 못했던 나의 학창시절이 떠올라 딸 손을 붙잡고 신신당부를 했다.

"엉뚱한데 눈 돌리지 말고 학생 땐 그저 공부만 열심히 해야 해. 강원도 놈은 집으로 절대 데리고 오면 안 돼." 일침도 놓았다.

주말마다 춘천과 부천을 힘겹게 오가며 복복선 전철이 개통 되기만 기다리는 딸이다. 말이 씨가 되었을까 딸은 홍천 출신 복학생을 만나 어린 나이에 교내 커플로 맺어졌다. 강원도 댁이 된 딸은 다시 경춘선 기차를 탄다.

둘째 사위는 신체 건장하고 종아리도 토종 무같이 튼실한 전형적인 감자바위 청년이다. 햇볕에 검게 그을린 얼굴이 조금 부담스럽지만 그래도 마음에 쏙 든 것은 사랑을 듬뿍 나눠 줄줄 아는 건실한 토종 강원도 남자기 때문이다.

운 좋게 공무원 생활을 30년 무사히 잘 마쳤다. 그 이유는 숫자 개념이 남들보다 조금 빨랐다. 총무 파트는 꼼꼼한 성격 탓으로 가장 오래 맡아 했다. 그 외에 회계, 연금, 보험, 보상, 사회복지 등 숫자와 관련된 일들을 주로 다뤘다. 남에게 뒤지기 싫어하는 내 성격상 부족한 부분은 주경야독으로 채워 나갔다. 칼칼한 성정 탓에 악성 민원인 해결은 내 몫이었다. 윗사람의 눈치를 보거나 이익을 수반한 약삭빠름이 없으니 남들보다 승진이 뒤졌다.

은퇴 후에는 예전 학창시절처럼 실컷 놀고 싶었다. 탁구, 골프, 자전거 타기, 취미생활은 마냥 즐겁다. 춘천에서 마라톤 대회가 열리는 가을철엔 아내와 함께 경춘선에 자전거를 싣고 춘천으로 갔다. 한강, 낙동강, 금강, 영산강, 자전거길을 일주하였지만, 내 고향 춘천만큼 좋은 천혜의 자연풍광도 없다.

자전거길 위에서 올려다본 하늘은 푸르다 못해 눈이 시리다. 호반 둘레길 중 의암터널 건너편에서 바라보는 풍경은 장관이다. 울긋불긋 단풍에 취해 자전거를 멈추고 구름도, 단풍도 벗 삼아 연신 사진을 찍어둔다. 강물에 내려앉은 단풍은 그림물감을 풀어 그린 수채화다. 춘천 마라톤 코스 길은 한해라도 빠지면 섭섭한 최고의 멋진 자전거길이다.

퇴직하고 오 년을 놀았다. 백화점 문화센터 영어회화반

경춘선 그 길이 나를 부른다 173

도 기웃거려보고 드럼 치기도 도전해보았다. 동네 탁구장도 들락거려보니 나보다 십 년 더 먹은 선배들과 여성들이 대다수였다. 그날이 그날, 느슨한 놀음이 반복이 갑자기 정신이 번쩍 든다. 육십 대 중반, 아직 노인이라 부르긴 이른 나이다. 더 늙기 전에 의미 있게 할 수 있는 일이 있을까 생각하던 차에 집 근처에서 도시 양봉 교육이 있었다. 은퇴인을 위한 양봉 교육은 나를 위한 일 이었다. 김포에 농장을 가지고 있는 처형님께 농장 한구석만 내주십사 부탁 아닌 통고를 하였다. 바로 벌 세 통을 사들였다. 첫해는 꿀맛도 못 보았지만, 다음 해부터는 쏠쏠하게 꿀이 들어왔다. 꿀 농사에 한창 재미를 느낄 때 문제가 생겼다. 농장이 마을과 가까운 곳이 있어 밭농사를 짓는 마을 사람들이 벌에게 쏘였다는 항의가 빗발쳤다.

벌들은 주인의 사정을 아는지 모르는지 근처 밭들을 헤맨다. 벼, 들깨, 참깨, 그것도 모자라 건너편에 떨어져 있는 아카시아 숲까지 가서 꿀을 모아왔다. 벌통이 삼십 통으로 늘어났다. 부천시에서 일하는 퇴직자를 상대로 설문 조사를 해갔다. 모범 케이스로 뽑힌 나는 지역신문에 소개되었다. 집값이 고공 행진을 하더니 20년간 팔리지 않던 김포 농장이 갑자기 팔렸다.

경춘선이 나를 다시 불렀다. 수도권 근처는 적은 평수 땅이라도 모두 억대금액이다. 발이 부르트게 벌 키울 장소를 찾아다녀도 마땅한 곳이 없다. 순간 떠오른 곳이 산으로 둘러 쌓인 고향이었다. 무작정 집에서 전철을 타고 용산에서 내려 청춘열차를 탔다. 가평역서 다시 경춘선을 탔다. 춘천시 남산면 백양리 굴봉산역에서 내가 찾던 적당한 땅을 찾아냈다. 기차역에서 20분 거리. 집에서 그곳까지 매일 다섯 시간 경춘선 기차를 탄다. 까까머리 통학생이 백발이 된 머리를 염색하고 오늘도 다시 그 길을 간다.

백양리에 작은 컨테이너도 장만했다.

얼마 전 춘천시민도 되었다. 산속에 마련한 양봉장 벌통도 하나, 둘 늘어 60여 개가 되었다. 지역신문을 본 공영방송에서 섭외가 왔다. "은퇴인이 금퇴인으로 사는 방법" 프로그램에 출연했다. 산 좋고 물 맑은 내 고향 춘천에서 벌을 키우니 칼칼하던 내 성격도 많이 느긋해졌다. 경춘선을 타면 온갖 형태의 인성을 가진 사람들도 만난다. 그들을 보고 잘못된 점은 반성하고 배울 점은 기억해둔다. 방송 출연을 하고 보니 질 좋은 꿀을 생산해야겠다는 자부심과 욕심이 생겼다. 춘천 농업기술센터에서 하는 양봉 교육도 열심히 참여한다. 공기 좋은 산속에서 얻은 꿀은 뜨자마자 다 팔려 쏠쏠한 수입도 챙기니 기차 타는 것이 하나도 힘들지 않고 오히려 즐겁다.

내 일에만 푹 빠져 집에 남아있는 아내 생각을 못 했다. 내가 집에 없는 사이 병원응급실을 두, 세 번 실려 갔었다. 혼자 있어 외로웠나 아니면 그동안 내 뒷바라지하느라 힘들었나 원인은 스트레스가 너무 많이 쌓인 공황장애라 한다. 내 일만 골몰한 것 같아 미안한 마음에 아내의 손을 잡고 경춘선을 오가며 시간을 함께했다.

경춘선 그 길은 치유에 길이기도 하다. 6개월을 함께 기차를 타고 오가며 흐르는 강물을 바라보니 병이 많이 호전되었다. 나는 오늘도 전철을 타고 용산역에서 청춘열차를 탄다. 경춘선 기차가 가평역에 도착하면 굴봉산 전철을 갈아타고 내린다. 경춘선 길목에서 내 인생을 돌아본다. 이 길을 통해 나는 넓은 세상으로 나올 수 있었고, 은퇴 후 삶도 정해졌다.

기차를 타면 아직도 까까머리 중학생 시절의 내 모습이 떠오른다. 나도 변하고 경춘선 인근 마을이 아파트로 많이 변했지만 흐르는 물길이 지나는 춘천 가는 길은 여전히 으뜸 관광지다. 경춘선을 다시 타고 다닌지 3년이 지났다. 칠순을 맞는 올해 경춘선을 오가며 인생 공부를 한다. 고향 행촌리 섬배 마을에는 조상님의 납골 당이 있다. 부모님이 그러했듯 언제가 돌아올 나의 마지막 길도 경춘선을 거쳐야만 갈 수 있다.
 나는 키 작고 왜소해도 뼛속까지 강인한 정신이 스며있는 강원도 감자바우다.

-제 1회 경춘선의 추억 공모전 차상 작품-
이규선 작가
부천시 행정 공무원 33년 근무
現 이화봉장 운영

나의 삶에서 글쓰기는 무엇인가

존재를 확인 할 수 있는 호적등본이다.
다시 숨을 쉬게 해 준 산소통이다.
더운 여름 산 속에서 만난 바람길이다.
얼굴을 간지럽히는 보슬비다.
들판에서 만난 싱그런 바람이다.
숨겨놓은 첫사랑이다.
가뭄에 만난 단비다.

최명선 수필가 연혁

1959년 부산 초량 출생
1961년 경기 포천으로 부모님을 따라 이주
1975년 잡지《여학생》먹코 할아버지 당선
1977년 포천여자 종합 고등학교 졸업
1978년 서울민사지방법원 근무
1983년 이규선과 결혼
1984년 큰딸 출생
1986년 작은딸 출생
1987년 부천으로 이사
1988년 아들 출생
1991년 서울 대법원 퇴사
1997년 LG,CNS부설 BNB근무
1997년 부천문화원 주최 백일장 입선
2000년 BNB 퇴사
2009년 (50세) 수필 공부를 시작하다
2012년 부천수필 회원
2013년 월간 〈한국수필〉 등단
2015년 부천문협 회원
2017년 남편 은퇴 후 배운 양봉을 돕기 시작하다(춘천)
2018년 부부동반으로 4대강을 자전거 일주함.
2019년 한국방송대 국어국문학과 졸업
2022년 한국문인협회 이사

2024년-2026년 한국수필가협회 운영이사
2018년 수필집《얼음새꽃 피다》출간
2019년 리더스에세이 문학상수상
2022년 수필집《꼬꼬지 심쿵》출간
2022년 전영택 문학상 수상(사 · 한국문인협회)
2023년 -2024년 리더스에세이 회장
2022년 부천 현대백화점 수필강사 역임
2024년부터 현재 부천예총 수필강사
2025년부터 리더스에세이 화요반 수필강사
2025년 제 3수필집《좌충우돌 꿀맛인생》출간
리더스에세이 편집장 (2015년 겨울호 창간)

-아주 특별한, 친환경 벌 이야기를 책으로 엮을 수 있게 원고 감수도 해준 남편과 가족, 리더스 여러분께 이 책을 바칩니다.-

종려나무같이 번성하는 작가의 삶
-최명선의 제3수필집《좌충우돌 꿀맛인생》출간을 축하드립니다-

권남희 수필가 (사) 한국문인협회 수필분과 회장
(사) 한국수필가협회 이사장

최명선 수필가의 제 3수필집《좌충우돌 꿀맛인생》은 모두 벌에 관련된 내용입니다.

그 벌 이야기는,

부군 이규선님의 벌 키우는 과정을 처음부터 어깨넘어로 깨우치고 내조하면서 쓴 사실의 기록입니다. 일주일에 한 번 수필교실에서 만나 벌 이야기를 듣는 이들은 벌을 통해 자신의 인생을 돌아보게 되었습니다.

그러면서 이규선님이 공무원 퇴직 후 제 2의 삶을 준비하는 과정이 보였습니다. 제빵, 영어회화, 숲해설사 등 여러가지를 배우느라 직장인이 아닌 야인으로서 부딪히다가 좌절도 합니다. 베비미부머들인 우리는 깊이 공감하면서 어떻게 나이들어갈 것인가를 고민하게 됩니다.

수업시간에 추천도서로 읽었던 미국 사회학자 윌리엄 새들러의《Third Age, 마흔 이후 30년》에서 무릎을 쳤습니다. 그는 유럽에서 먼저 시작한 장수사회의 생애주기를 도입하여 연구하고 책을 냈습니다. '제 3의 연령(Third Age)은 대부분 50-60대에 시작되고 이 나이는 100세 시대를 준비하는 생애주기(유럽의 생애주기 분석)에서 '삶의 보너스'라고 했습니다. 은퇴 이후 30년 동안의 삶으로 이 시기를 인생 최고의 전성기라고 했습니다. 인생 두 번째 성장을 위한 책《Third Age , 마흔 이후 30년》은 지금도 스터디셀러입니다.

그런 점에서 최명선의 제 3수필집《좌충우돌 꿀맛인생》역시 스터디셀러로 자리잡으리라 생각합니다. Third Age를 잘 살아야하는 세대의 갈등과 지혜롭게 헤쳐가는 과정들이 담겨있습니다. 재취업을 고민하고 자신에게 맞는 취미활동을 찾으며 남은 인생을 설계하고자 고군분투하는 남편을 가까이서 겪은 아내의 기록물은 장수시대의 교과서입니다. 최명선 부부의 삶은 베비비부머인 우리의 길잡이이며 안내서입니다.

작가의 남편은 벌키우는 일에서 비로소 삶이 완성되었

추천의 글　183

습니다.

그는 농촌지도소의 양봉교육을 받아 벌을 분양받고 김포 농장에서 벌키우는 일을 시작했습니다, 내조의 여왕 최명선수필가도 틈틈이 농장을 찾아가 돕고 배우며 벌과 함께 한 시간이 8년이 넘었습니다. 꿀을 땄다며 꿀단지를 가져 오고 화분을 들고 와 펼치는 벌 이야기는 들을수록 신기했 습니다.손톱보다 작은 몸과 얇은 날개로 우리에게 이로운 꿀과 화분 등을 먹을 수 있게 하다니요. 여왕벌 만들기.일 만 하는 일벌, 벌들의 겨울나기,손실이 없다는 육각형 건축 은 어떤가요? 인간을 능가하는 지혜와 경험입니다.

가뭄이 심하면 나무들이 강한 햇빛으로부터 잎을 보호하기 위하여 나무 수액을 내보낸다. 이것은 나무들이 자신을 보호하기 위해 수액을 내보내 태양 빛으로부터 수분 증발을 막고자 하는 보호 물질이다. 벌들이 이것을 물어와 저장한 것이 감로 꿀이다. 감로 꿀에는 항균 성분인 플라보노이드가 포함되어 있다. 항균에 도움이 되기 때문에 박테리아, 곰팡이의 성장을 억제해서 예로부터 외상, 감염에 항생제로도 사용된다고 한다.-〈은밀한 봄 달콤한 여정〉-

벌에게서 배웁니다. 꿀만 알고 있다가 벌에 점점 매료되어 지구를 살리는 벌 이야기 친환경 주제로 계간 리더스에세이 잡지에 연재를 해보자고 부탁했습니다.

한 번 쓰고 쓸 게 없을 것같았지만 무려 8년을 끌어갔습니다. 성실과 노력의 끝판왕 최명선 수필가는 책을 사서 공부하고 이론과 실전으로 다진 남편의 도움을 받아 리더스에세이 연재를 해냈습니다. 물론 그렇게 끌어올 수 있는 힘은 부군의 뒷받침이 있어서였다고 생각합니다. 언니의 김포농장 한쪽을 빌려 시작한 양봉일은 남편의 고향 춘천 산자락에 땅을 구입하면서 전문인으로 거듭나고 있습니다.

제 2의 전성기를 살고 있으며 성품도 자연과 닮아갑니다. EBS방송에 '은퇴인이 금퇴인으로 사는법' 출연도 하니 국민 남편으로 유명세를 얻었습니다.

〈꿀벌 이사, 느리지만 단단하게〉수필을 읽다보면 벌을 키우면서 두 사람 사이에 달콤한 기류가 생기는 걸 느낍니다. 건강을 얻고 화합도 챙겼으니 일석이조입니다.

남편은 벌을 키우기 전에는 감성보다는 이성이 앞서던 사람이다. 벌을 키우면서 벌을 자식처럼 여긴다. 칼칼한 성격에 대쪽같던 사람이 벌을 키우며 늙어가니 부드러운 어르신으로 변신 중이다. 12월엔 지상파방송 EBS TV에서 '은퇴 후, 금 퇴인으로 사는 삶'이라는 프로그램에도 출연했다. 생방송 중 진행자가 부인에게 한 말씀 하라 하니, '그동안 수고했어. 사랑해'란 간지러운 말로 내 마음을 녹이기도 했다. 아내가 남편에게 하고 싶은 말을 영상으

로 찍어 달라는 담당 PD 요청에 나도
'규선 씨 사랑합니다' 너스레도 떨어보았다. -꿀벌 이사, 느리지만 단단하게-

　최명선수필가는 뜻을 품고 한번 시작하면 꾸준하게 하고 밀고 나가는 추진력이 있습니다
　남편이 은퇴 후 소일거리로 양봉을 배웠지만 김포농장이 없었다면 실천에 옮기는 일부터 곤란했을겁니다. 또한 춘천 굴봉산역 근처에 땅을 구입할 때도 편하게 살자고 반대했다면 봉장일은 험난했지 않았을까요? 아내는 이화봉장을 탄생시키는 산파역할을 했고 정성껏 도우미 역할을 하였습니다. 남편의 철두철미한 벌관리와 좋은 꿀을 위한 양봉일에 자부심을 보였습니다.
　이제 아무리 가까운 지인들이라 해도 이화봉장 꿀은 쉽게 살 수가 없습니다. 제대로 된 꿀을 받기위해 얼마나 진심이고 어떻게 노력하는 지를 알기 때문입니다.
　견고한 믿음을 주는 일은 하루아침에 생기지 않습니다. 진지한 목표와 인내심, 쉬지않는 열정, 삶의 모든 면에서 이런 진정성의 태도는 일맥상통한다고 생각합니다.
　버니스뉴기튼은(미국시카고 대학의 심리학 교수) 75세까지의 세대는 젊은 고령자로 해석하자고 했습니다. 일본

에서도 80세까지 현역으로 일해야 한다고 정책입안자들이 주장합니다.

150세도 가능한 시대 이화봉장은 지구를 지킬 것입니다.

'종려나무같이 번성하며 …그는 늙어도 결실하여 진액이 풍족하고 빛이 청청하리라… .시92: 12-15)

최명선수필가의 작품을 인용하면서 축하의 글을 마무리합니다.

일주일에 세 번 남편과 함께 봉장을 오간다. 송내역에서 전철을 타고 용산역서 춘천행 ITX 열차를 타고 가평역서 내린다. 그리곤 춘천 가는 전철을 타고 한 정거장을 더 가면 도착지 굴봉산역이다. 역에는 미리 가져다 놓은 애마 자전거가 나를 기다린다. 한적한 시골길을 십여 분 오르다 보면 오디, 산딸기, 자연이 내밀어 주는 간식에 잃었던 식욕이 일어난다. 햇살 내리쬐던 여름이 지나니 길옆 코스모스는 하늘거리고 옥빛 하늘엔 층층 구름이 정겹다.-이충-

《좌충우돌 꿀맛인생》 출간을 축하드립니다

최명선 벌 이야기
좌충우돌 꿀맛인생

발행일	2025. 9.12
지은이	최명선 수필가
교정교열	전수림. 임금희
펴낸 곳	소후
등 록	2016. 4.5 제 2018-000058
주 소	서울시 송파구 송파대로 28길 24. 밀리아나 2차 1110호
전 화	010-5412-4397 02-459-5555
팩 스	02-430-4397
전자우편	likeparigian@naver.com
정 가	15,000원

※이 책의 판권은 지은이와 소후출판사에 있습니다.
※ 잘못 만들어진 책은 교환해드립니다.
※ 이 도서의 국립중앙도서관 출판예정 도서목록(CIP)은 서지정보유통지원시스템 홈페이지(http://seoji.nl.go.kr)와 국가자료공동목록 시스템(http://www.nl.go.kr/kolisnet)에서 이용하실 수 있습니다
*ISBN 970-90528-51-1
종이: 쎄그마 ｜표지인쇄: 삼덕
본문 인쇄 및 제본 :삼덕 인쇄